El
Discurso
del Comandante

Ángel Gámez

El Discurso del Comandante

Editorial RPEX
Personas de Éxito

Caracas, 2013

©   Copyright 2013
ÁNGEL GÁMEZ

Coordinación general:
ANA CAROLINA COLMENARES

Diagramación:
CARLOS PÉREZ CÁRDENAS

Diseño de portada:
ÁNGEL GÁMEZ

Montaje de portada:
CARLOS PÉREZ CÁRDENAS

Impreso en Venezuela
por Miguel Ángel García e Hijo, s.r.l.
Caracas

Depósito legal: lf2522013800913
ISBN: 978-1483991610

ÍNDICE

EL DISCURSO DEL COMANDANTE

Chávez fue un hombre polémico y totalmente polarizado: o estabas de su lado o estabas en su contra. Una opinión a medias para con Chávez no existe. Y si existe es remota.

Lo digo porque si eres seguidor del Comandante, o estás en contra de todo lo que representó, entonces este libro te interesa. Sin embargo quiero aclarar unos detalles antes de iniciar.

Este libro no tiene nada que ver con política ni nada que se le parezca. Aunque estoy seguro que nombrar a Chávez significa algo bueno para algunos y algo malo para otros. Aquí no vamos a hablar sobre si Chávez fue bueno, malo o regular. Si quiere hablar de política, este no es el libro que está buscando, ciérrelo, devuélvaselo al chico de la librería o quiosco y pida su dinero. Pero si quiere saber cómo Chávez tuvo éxito en su discurso, al punto que estuvo catorce años gobernando y logró millones de seguidores en Venezuela, Latinoamérica y parte del mundo, entonces este sí es el libro que está buscando y estoy seguro que vamos a conversar gratamente durante este lindo paseo.

Quiero mencionar que los fenómenos en general son multifactoriales, es decir, obedecen a múltiples factores. Por ejemplo, para que se produzca el fenómeno del embarazo tienen que conjugarse varios factores como que la mujer esté ovulando, que los espermatozoides del varón estén sanos, que no exista ninguna interrupción en el camino de los espermatozoides hacia el óvulo, y quizás algunos otros factores.

Sin duda alguna Hugo Chávez fue uno de los líderes más importante que haya tenido Latinoamérica y parte del mundo en la historia política, al menos en esta era de la información. Pudo llegar a millones con sus ideales y filosofía de vida, además de impactar en la vida de otros. El poder que tuvo sobre las personas en general fue gigantesco, lo que le llevó a mantenerse catorce años en la Presidencia de la República Bolivariana de Venezuela.

Ahora ¿qué hizo Chávez para ganar tantos seguidores en toda Latinoamérica y el mundo? ¿Cómo hizo para poder capturar la atención mundial cada vez que salía al aire? Indudablemente, varios de sus proyectos influyeron. Algunas personas que no son seguidores de Chávez dicen que regalar tanto dinero hizo que tuviera muchos seguidores. Pero lo que más influyó en las personas, desde mi punto de vista, fue su discurso. En Venezuela hay personas que daban la vida por ver y escuchar un discurso del Comandante. Un discurso que movió pensamientos y levantaba pasiones. Ya le voy a explicar por qué.

La carrera de liderazgo de Chávez culmina con su muerte; sin embargo pasa a la historia por todo lo que logró desde el punto de vista del liderazgo más que por sus obras en concreto, que para muchos se quedaron en ideas, a pesar del tiempo que tuvo para ejecutarlas.

En este libro vamos a desnudar el discurso de Chávez para hacerle una radiografía profunda y procurar explicar de manera sencilla los elementos implícitos en su oratoria.

Cómo hizo para mover masas, qué elementos del discurso utilizó para ganar adeptos y por qué muchas personas reaccionaron a favor de su mensaje.

Todas estas son preguntas que vamos a responder en este libro y dichas respuestas vamos a colocarlas de manera sencilla para que usted pueda comprender y nosotros explicar por qué Chávez se convirtió en un maestro del discurso.

Quiero hacer la acotación que es complejo el fenómeno de liderazgo que ejerció Chávez y que no se resume sólo al discurso. Sería irresponsable indicar que Chávez se ganó a sus seguidores sólo con el discurso. Sin embargo, desde mi punto de vista fue la herramienta más significativa de su repertorio en toda su trayectoria.

Michael Jordan es considerado el mejor jugador de baloncesto de todos los tiempos, y se considera así por todas sus cualidades en la cancha. También por la publicidad que tuvo. Sin embargo, el lanzamiento de media distancia fue su mejor arma. La más utilizada. Lo que mejor sabía hacer. Lo mismo ocurría con Chávez, quizás tuvo muchas cualidades como líder y muchas estrategias políticas que movieron gente. También grandes defectos, como cualquier persona. Para algunos fue una persona con un espíritu malo, para otros casi que un ángel encarnado; eso no es lo que importa ni son los objetivos de este libro. Aquí tratamos sobre su discurso, que consideramos fue su mejor arma. Y es en esta cualidad donde nos vamos a concentrar durante la lectura, así que mucha atención.

LOS NIVELES DE LA ORATORIA

Este libro está basado en el libro *La Oratoria de los Líderes y sus 4 niveles*, por lo tanto cierto contenido será transferido para conocer en profundidad y en esencia *El Discurso del Comandante*.

Si quiere saber más y aprender cómo discursean los líderes y cuáles son las técnicas más importantes que utilizan durante la oratoria para mover masas, llegar al corazón y al espíritu de quien les escucha y para preparar cualquier tipo de presentación en público, puede consultar mi libro *La Oratoria de los Líderes y sus 4 niveles*.

Lo que le puedo decir con toda seguridad es que el éxito del discurso dependerá del nivel en que esté ejecutándose dicho discurso. Aquí le vamos a explicar de forma fácil los *niveles de la oratoria*, para que pueda ir realizando comparaciones con los grandes líderes que se comunican con sus seguidores. Literalmente, a medida que la oratoria se desarrolla, el líder debe ir ascendiendo hasta el último nivel, si desea tener éxito. Es necesario pasar por todos los niveles hasta llegar al último.

De ahora en adelante, al usted conocer cómo funcionan los niveles de la oratoria podrá observar con más experiencia cada vez que un líder político u otra persona se esté presentando en público. Podrá evaluar si su mensaje está siendo efectivo y saber qué impacto tiene en los que escuchan.

Para este caso, donde estamos estudiando el discurso de Chávez, mientras usted lee podrá establecer comparaciones con algún recuerdo que tenga o algunas grabaciones de discursos que puede observar en la web; (que mas adelante le presentamos en link) también podrá comparar lo que está leyendo con los discursos de los líderes políticos de su país, estado o comunidad.

¿EN QUÉ NIVEL DE LA ORATORIA SE ENCONTRABA EL DISCURSO DE CHÁVEZ?

El éxito del discurso de Chávez lo vamos a reconocer sabiendo en qué nivel se encontraba en cuanto a los *niveles de la oratoria*. Si queremos saber por qué el Comandante tenía tanto éxito en su discurso debemos ubicarlo en uno de los niveles. Pero sobre todo, debemos conocer cómo funciona cada nivel.

Lo mejor será describir el desempeño del discurso del Comandante mientras explicamos los niveles de la oratoria.

A lo largo de nuestra vida observamos discursos de todo tipo y podemos ver cómo hay discursos que aburren, que nos llevan a dormir directamente, no importa lo interesante del tema sino cómo lo tratan, cómo lo comunican.

También vemos como hay discursos que nos ponen a reflexionar, a pensar mucho, que tocan nuestra mente para llevarnos a sacar nuevas conclusiones.

No se pueden dejar de lado los discursos que nos tocan el corazón para hacernos llorar, reír, a veces molestarnos, sentir rabia, tristeza o felicidad.

Y están los discursos donde el mensaje sigue en pie, traspasando los niveles de lo palpable y trascendiendo hacia algo inexplicable.

Existen cuatro niveles fundamentales dentro de la oratoria que todo líder debe manejar si desea lograr sus objetivos de proyectar y transmitir su misión, ideas y filosofía, para dar clases, para el discurso político; cualquiera que sea el objetivo dentro de la oratoria, su discurso debe estar centrado en dichos niveles si desea obtener resultados satisfactorios.

Chávez descubrió en qué nivel ubicar su discurso entre las personas para así hacer que su mensaje moviera masas como lo hizo.

Voy a explicarle de forma fácil cómo funcionan los *niveles de la oratoria*, para que pueda ir observando y sacando sus propias conclusiones de dónde y en qué nivel se encontraba *El discurso del Comandante*.

Toda persona que sabe utilizar el discurso como herramienta para ganar seguidores debe ir ascendiendo hasta el último nivel si desea tener éxito. Es necesario pasar por todos los niveles, hasta llegar al último. Por muy complicado que parezca el tema o el escenario donde se presente el discurso, siempre se puede pasar por todos los niveles para llegar al más alto. Chávez lo demostró cuando ponía en marcha su discurso que movía masas. A continuación, paso a describir en qué consiste cada nivel.

Nivel 1 (Nivel Boca-Oído)

Cuando era un adolescente mi madre pertenecía a un partido político y me incorporó paulatinamente a la política. Me llevaba a mítines del Presidente de ese momento, a las presentaciones y reuniones que hacía el gobernador de mi estado natal, y también a cualquier presentación que tuviera el alcalde de municipio, sin contar que participé también en múltiples reuniones de asociaciones de vecinos donde mi mamá era líder comunal.

Durante toda mi adolescencia observé muchos discursos, unos regulares, muchos pésimos y algunos, muy contados, alegres y atractivos.

El problema no era que yo me aburriera, porque era un niño-adolescente y quizás estar metido en esas reuniones era como estar fuera de ambiente; el problema era lo que observaba a mí alrededor, muchas personas aburridas con dicho mensaje. Podía ver siempre a personas durmiéndose en cada presentación de aquellos líderes políticos que se dirigían a sus seguidores. En pocas palabras, no tenían para nada poder de convencimiento en aquellos discursos y presentaciones que ejecutaban.

Desde mi punto de vista, un discurso político debe estar lleno de poder de convencimiento para poder mover masas.

En las reuniones donde asistí con mi madre pudimos ver algunos discursos buenos, pero quiero que usted se concentre en esos discursos políticos que aburren al público, los que hacen que la gente se quede dormida. El aburrimiento, la falta de atención y el desinterés por parte de las personas que observan el discurso del líder, hacen alusión al nivel de la oratoria al que llamaremos Boca-Oído.

Este es el nivel más bajo de un discurso. En el nivel Boca-Oído no ocurre nada, el mensaje literalmente entra por un oído y sale por el otro. Los discursos que sólo se quedan en este nivel tienden a aburrir a las personas, a cansarlas, a disgustarlas y de esta manera se dificulta la eficacia de cualquier tipo de mensaje. Mantenerse en este nivel impide que el discurso tenga éxito. Algo que Chávez sabía muy bien, conocía a la perfección y comprendía que su discurso debía seguir avanzando al siguiente nivel.

Todo discurso que se mantenga en el nivel Boca-Oído se convierte en un «bla, bla, bla» que posiblemente a muy pocas personas interese.

El descubrimiento central del éxito que tenía el discurso del Comandante es que no era única y exclusivamente para informar, sino para comunicar. Ahora, ¿cuál es la diferencia? La diferencia entre comunicar e informar es enorme. Los seres humanos somos emoción, somos sentimientos, esto es lo que nos diferencia de las máquinas. Por esta razón, desde mi punto de vista el ser humano, además de informar, cada palabra, cada gesto lleva implícito un grado de sentimiento, de emoción que hace que no sólo informemos sino que también comuniquemos con pasión, amor, alegría, miedo, rabia, euforia, frialdad, monotonía, en fin, cualquier emoción o cualquier sentimiento. Chávez manejaba al pie de la letra la diferencia entre informar y comunicar.

Las definiciones de un discurso político pueden ser muchas, pero lo que más nos interesa de esa oratoria es su utilidad, y en todos los casos la utilidad de la oratoria es convencer y motivar a los seguidores. Podemos decir que el discurso es una herramienta elemental para persuadir, para vender una idea, para motivar a otros. Pero si contrario a eso las personas se aburren o se cansan cuando escuchan al líder, lamentablemente el discurso no va a lograr su objetivo de motivar.

Indudablemente, Chávez no se encontraba en este nivel cuando ejercía sus discursos. Vamos a ver el siguiente para saber si estaba en el nivel 2.

Nivel 2 (Nivel Cerebral)

Cuando un discurso se encuentra en el nivel cerebral, cosas interesantes empiezan a ocurrir en las personas que están escuchando. Aquí el mensaje empieza a llegar de una mejor manera. Digamos que de una forma agradable y notable. Ya aquí el mensaje empieza a tomar significado e importancia. Pudiéramos decir que empieza a dibujarse cada palabra en las mentes de las personas.

En pocas palabras, el líder orador empieza a atraer la atención de quien lo escucha. Chávez conocía claramente cómo atraer la atención del público. Existen múltiples técnicas que Chávez utilizaba para llamar la atención del público que vamos a desarrollar más adelante, mostrando los ejemplos con situaciones reales de discursos que ejecutó el Comandante.

Prácticamente, Chávez era un especialista y pareciera que tocaba un botón de un control remoto para activar a sus seguidores y no tan seguidores, y de esta manera llamar la atención de las personas para que se concentraran en lo que él estaba diciendo.

Esto ocurría porque algo que él estaba diciendo en ese momento iba a ser de utilidad para quien escuchaba, y a su vez, hacía que quien escuchaba mantuviera la mirada en él. Prácticamente se activaban los oídos de las personas y empezaba una conexión con su cuerpo. Es como si una voz interna le dijera a los que lo escuchaban, «un momento que esto se va a poner interesante».

Esto le ocurría tanto a las personas que eran adeptas a su filosofía como a las que no, a los reporteros, camarógrafos, entre otros.

Lo que ocurría más específicamente en las personas que veían a Chávez mientras estaba ejecutando un discurso es que en su mente se agilizaban los pensamientos y empezaban a activarse mecanismos de comparación de la información con el quehacer diario de quien escuchaba. También podían ocurrir procesos de clasificación de la información, se planteaban problemas reflexivos y analíticos; en pocas palabras, Chávez estaba tocando los procesos mentales, los pensamientos de las personas, por eso podemos decir que el discurso de Chávez pasaba por el nivel cerebral.

Cuando Chávez hablaba y se encontraba en este nivel hacía que sus seguidores experimentaran pensamientos sobre el tema, no se distraían, mantenían la total atención. Dicho de otra forma, ponía a pensar a la gente, tanto a seguidores como a los no tan seguidores.

El Comandante sabía muy bien que para poder pasar por este nivel debía asegurar en su discurso estímulos visuales, auditivos y kinestésicos.

En el nivel cerebral es cuando inicia la preparación del terreno para poder sembrar las ideas. Y es recomendable saber que cuando se siembra, además de preparar el terreno para cosechar los frutos, hay que conservarlos y cultivarlos. Por esa razón es indispensable que usted avance al siguiente nivel de la oratoria.

Chávez tenía bien claro que llegar al nivel cerebral significa un paso importante, pero quedarse allí era más informar que comunicar. Recuerde la diferencia entre informar y comunicar.

Ejemplos de algunas frases que hacían que el discurso de Chávez llegara rápidamente al *nivel cerebral*:

- «Estamos en un laberinto sin salida, en el que la solución de los problemas socioeconómicos de Latinoamérica es lenta; vamos mal y vamos de cumbre en cumbre, mientras nuestros pueblos van de abismo en abismo».

- «No cambiemos el clima, cambiemos el sistema, y en consecuencia empezaremos a salvar al planeta».

- «No es lo mismo hablar de revolución democrática que de democracia revolucionaria. El primer concepto tiene un freno conservador; el segundo es liberador».

- «La raíz zamorana, la raíz bolivariana y la raíz robinsoniana: tres raíces de un mismo tronco y un árbol enraizado en el pensamiento nacional; ideología que impulsa el nuevo y verdadero bolivarianismo».

En pocas palabras, son ejemplos de discursos que nos ponen a pensar, por eso este nivel se llama nivel cerebral, porque pone a trabajar el cerebro de quien escucha.

Ahora vamos a desarrollar los niveles finales. Estos niveles están bien explícitos en cuanto a ejemplos y la forma o como llegar a ellos en el libro *La Oratoria de los íderes y sus 4 niveles*. Pero en este libro veremos si el discurso de Chávez pudo llegar a estos dos últimos niveles y hasta qué punto se mantenía. Es tarea de usted sacar sus propias conclusiones acerca de si el discurso del Comandante llegó o no a estos últimos dos niveles a desarrollar.

Nivel 3 (Nivel Emocional)

¿Manipular o influir? Este es un nivel particular de la oratoria porque puede servir tanto para manipular a las personas como para influir en ellas positivamente.

Este es el nivel al que específicamente Chávez mencionó en uno de sus discurso como «…el discurso de las barricadas, ése que enciende la pasión, eso hace falta, ¡claro! Pero además del discurso y las ideas incendiarias de ese fuego sagrado que nos mueve, hay que profundizar en los argumentos para convencer a la mayoría de cuál es el rumbo que necesitamos en Venezuela…» (http://goo.gl/w4C77).

Chávez era prácticamente un saco de emociones cada vez que hablaba, y era conocedor de las técnicas para despertar emociones de cualquier tipo. Gracias a este tipo de discurso, a diferencia de otros presidentes o líderes políticos, capturaba la atención prácticamente del mundo entero cada vez que salía a hablar. Y debo decir que las personas que pueden llevar su oratoria al nivel emocional, literalmente hacen llegar el mensaje al corazón de los que oyen. Para bien o para mal, pero llegan al corazón. Cuestión que considero que hacía el Comandante con sus seguidores. Si no me cree, le pido que observe esas pasiones que desató y que todavía sigue desatando en las personas que simpatizan con su filosofía.

No importa si compartes o no las filosofías de gobierno que ejercía Chávez, lo que quiero es que hagas una observación objetiva en lo posible y evalúes a los seguidores de Chávez, cómo lo idolatran, y es casi que un Dios para ellos.

Y si eres seguidor de Chávez, a lo mejor has sentido el contagio y las emociones que despertaba su discurso.

El ser humano es emoción, eso es lo que nos diferencia de las máquinas. Tenemos y experimentamos sentimientos, es eso lo que nos marca. Chávez con sus palabras, con sus gestos, con su tono de voz, hacía que sus seguidores experimentaran emociones y generaran sentimientos, por eso podía conectarse con su público más fácilmente que otros líderes políticos.

Le voy a pedir que de ahora en adelante, en la medida de lo posible en un video en la web, observe un discurso de Chávez. Independientemente de que seas seguidor de su filosofía o no, sencillamente céntrate en evaluar, porque si hay algo que reconocer, seas seguidor de Chávez o no, es que era tremendo orador. Observe como Chávez intentaba llegar al corazón de quien lo escuchaba, de tocar sus emociones con cada palabra.

Algunas personas dicen que lo hacía para aprovecharse de sus seguidores y para lograr sus intereses individuales y alimentar su ego. Pero lo importante aquí es que analice los elementos implícitos en cada palabra, que observe cada gesto, cada detalle y a la vez el todo en general, la oratoria global, la forma de expresarse y las palabras que decía.

No puedo ser yo el juez y el que diga si Chávez utilizaba ese poder de la oratoria y el nivel emocional para aprovecharse de sus seguidores, que cada quien saque su conclusión; lo que sí puedo asegurar es que movía emociones cuando hablaba. Cualquier tipo de emoción, tristeza, felicidad, sorpresa, miedo, ira, entre otras, tanto en sus seguidores como en los que no le seguían.

El nivel emocional estimula a la participación, a la acción, al movimiento, y hace que nazca el sentimiento; por eso veíamos a las personas que seguían a Chávez, riendo, llorando de emoción, y a los que no le seguían, enfurecidas, sintiendo miedo, en fin, experimentando cualquier tipo de sentimiento que se despertara gracias a que él conversaba en el nivel emocional en sus discursos.

Llegar al nivel emocional, puede servir para motivar de manera positiva para impulsar a otros a emprender los más lindos actos de bondad, éxito y superación; también puede sembrar el miedo, la desidia y la maldad en lo más amplio de la palabra. Por eso se llama nivel emocional, porque puede tocar cualquier emoción, dependiendo de las intenciones de quien discursa.

Usted, dependiendo de su interpretación, puede observar para qué Chávez utilizaba en su discurso dicho nivel emocional. Y se pueden hacer dos preguntas que sólo usted puede responder: ¿Utilizaba Chávez el nivel emocional de la oratoria para sembrar el miedo, la desidia, la maldad y la ira? ¿O para motivar de manera positiva, para impulsar a otros a emprender los más lindos actos de bondad, éxito y superación defendiendo sus ideales?

El nivel emocional de la oratoria puede dirigir el discurso a donde mejor le parezca al líder, así como puede tocar en lo más profundo de las personas para motivarlas a autorrealizarse y lograr objetivos positivos; también puede alborotar sentimientos negativos que hagan sentir mal a las personas hundiéndolas en lo más profundo de su tristeza.

Por eso quiero acotar que a diario veíamos un fanatismo ciego en muchas situaciones que nublaban y nublan la razón de algunos seguidores de Chávez y de los no seguidores también, lo que hizo que la política en Venezuela se hiciera un tema sumamente delicado entre amigos, familiares y grupos sociales, gracias a lo que fue su discurso, personas que mal-interpretaron su mensaje o lo siguieron al pie de la letra, sea cual sea el punto de vista, lo cierto es que en múltiples ocasiones sus seguidores, al igual que él, cayeron en situaciones erróneas e impulsivas porque se construyeron sentimientos negativos gracias al abuso del nivel emocional.

Voy a dar ejemplos de palabras de Chávez dirigiéndose al nivel emocional positivo y negativo para que usted mismo pueda ver las diferencias:

- «Estamos comenzando a mirar lo que el padre Libertador imaginaba: una inmensa región donde debe reinar la justicia, la igualdad y la libertad, ¡fórmula mágica para la vida de las naciones y la paz entre los pueblos!».

- «¿Cómo hacemos?, el que tenga hambre que robe».

- «Invito a todos a que pensemos, diseñemos y pongamos en práctica acciones en todos los ámbitos para llenar de fuerza transformadora a la democracia revolucionaria».

- «Váyanse al carajo yanquis de mierda, que aquí hay un pueblo digno».

- «¿Y este edificio? ¡Exprópiese!».

- «O tomamos el camino del socialismo o se acaba el mundo».

Existen muchos más ejemplos de discursos de Chávez que hablaron a la emoción; son frases que movieron masas, incitaron al movimiento, a la acción, algunas veces para violencia, otras para defensa. Por eso es que este se llama nivel emocional. Muchos líderes también han utilizado este modelo: usted puede darse cuenta como algunos políticos tienen ciertas características que se encuentran aquí, pero muy pocos pueden llegar a este nivel con contundencia como lo hacía Chávez.

Este tipo de discurso además de incitar a la acción, al movimiento, también permite que se despierte cierto fanatismo que desde mi punto de vista no es sano: despierta emociones y construye sentimientos, pero pueden tomar caminos no adecuados para la paz. Chávez, sin querer o queriendo, permitió desarrollar sus seguidores esos sentimientos de grandeza, de éxito y felicidad, de alegría, pero también despertó miedo, rabia, angustia y represión.

Las técnicas, estrategias y procedimientos que utilizó Chávez para ir ascendiendo por los niveles de la oratoria los voy a explicar más adelante, pero antes vamos a desarrollar el nivel espiritual.

Nivel 4 (Nivel Espiritual)

Hay un nivel más alto que el emocional y es el nivel espiritual. A donde han llegado los grandes líderes de la humanidad. Quiero hacerle una pregunta: ¿usted cree que Chávez llegó al nivel espiritual en su discurso? Y si no llegó, ¿qué otro líder considera usted que sí llegó al nivel espiritual con su discurso?

Lea detenidamente de qué se trata el nivel espiritual y luego saque sus conclusiones.

Tengo un amigo llamado Elías que es líder religioso y tiene bajo su liderazgo, en la institución religiosa que dirige, una cantidad considerable de personas que en la actualidad sigue creciendo. En conversaciones con este amigo un día le pregunté cómo hacía para que tantas personas se mantuvieran asistiendo al templo, qué hacía para que las personas cumplieran religiosamente su participación. Y él me respondió: «Nosotros sencillamente le hablamos al corazón, al espíritu». Continuó diciendo: «Cuando las personas entran aquí al templo y nos escuchan sienten una energía espiritual inigualable, y esa es nuestra gran fortaleza». Y es esa la razón por la cual esa religión tiene tantos seguidores. Pero la conversación no quedó allí, inmediatamente le pregunté: «¿Cómo saben ustedes que ellos sienten esa energía espiritual cuando hablan con ellos?». Y él me respondió: «Porque nosotros cuando hablamos también sentimos esa energía».

En pocas palabras, lo que me quiso decir ese líder religioso es que si un líder quiere vislumbrar al corazón, al espíritu de las personas a quienes desea liderar o a quienes desea llegar a través de un discurso, dicho líder debe partir de su corazón, de Su espíritu.

Es la única forma de llegar al último nivel.

Para llegar al espíritu hay que partir del espíritu. ¡En esto se basa el nivel espiritual! Ya sea para el cine o la televisión, para una película o dibujo animado, los directores invierten una cantidad enorme de dinero, millones y millones, sólo con un objetivo, el de llegar al corazón de la audiencia. Lo mismo ocurre en la política. Tocar sus emociones y vislumbrar sus sentimientos. Despertar interés, mantener la atención, activar su sentido del humor. Asomar sus miedos y tocar su tristeza. Iluminar su alegría y resaltar su felicidad. En fin, hacerlo que experimente con sus emociones, de una manera que se sienta vivo, y de esta forma poder llegar a su espíritu. A veces vemos una obra de arte y nos transmite algo que no es descriptible con palabras, pero sabemos y coincidimos con muchas personas en que sí es cierto, quizás porque esta obra puede movernos internamente. Porque puede mover nuestro espíritu. Es allí donde debe centrarse el discurso. La emoción y el sentimiento son la puerta para llegar al espíritu.

El mensaje que se expresa en el nivel espiritual no se queda entre las cuatro paredes de un salón o un auditorio sino que sigue resonando y dibujando imágenes positivas de cambio y evolución en las mentes y los corazones de las personas que escuchan. Incluso después de la trascendencia biológica del líder orador, su mensaje sigue intacto, sólo por el hecho de haber llegado al nivel espiritual.

Para llegar al nivel espiritual es necesario pasar por los otros tres niveles antes mencionados. Pasearse por los tres niveles era algo que Chávez hacía muy bien. Pero, ¿llegó Chávez con su discurso al nivel espiritual de la oratoria?

Llegar al nivel espiritual es un proceso que los grandes líderes oradores de la humanidad conocen o intuyen a la perfección. Jesús de Nazaret era un excelente orador y líder y sabía cuándo y cómo hacer que su discurso llegara al alma de sus seguidores, que su mensaje tocara el espíritu. Los grandes líderes de la humanidad han sido excelentes oradores y sus discursos han llegado al nivel espiritual: Mahatma Gandhi, Nelson Mandela, Martin Luther King, Hellen Keller, Simón Bolívar, Juan Pablo II, la Madre Teresa, todos estos líderes tuvieron que convencer a sus seguidores de sus ideales y filosofías, metas y propósitos, pero tuvieron que hacerlo apoyándose en un discurso que iba más allá de lo visible para el ser humano, tuvieron que apoyarse en *La Oratoria de los Líderes*.

Los grandes oradores y líderes de la humanidad han sabido manejar a la perfección los niveles de la oratoria, transitando convenientemente por cada nivel con mucha sabiduría, hasta llegar al último.

El nivel 1 (Nivel Boca-Oído) hace referencia a la parte física y/o biológica de nosotros como seres humanos.

Es estrictamente necesario comunicarnos a través de nuestros sentidos. Este es un buen comienzo para todo ser humano que desee empezar un discurso. Hacer llegar la información a través de los sentidos. El problema es cuando los líderes se quedan sólo allí, porque el nivel de atención será muy poco en este nivel por parte de los seguidores y no avanzará al siguiente.

Cuando iniciamos un discurso, en los primeros minutos las personas están pendientes de lo que decimos, pero esa atención sólo durará poco tiempo si no pasamos al siguiente nivel.

Luego tenemos el nivel 2 (Nivel Cerebral), donde se despierta el interés de los seguidores. Y es donde ingresamos a la mente de las personas. Hay que recordar algo significativo: una cosa es despertar el interés y otra mantenerlo. Despertar el interés es importante, pero mantenerlo es vital para la salud del discurso, por eso el discurso de Chávez no se quedaba sólo aquí, sino que seguía avanzando de nivel. Pasar del nivel 1 al 2 era una tarea sencilla para el Comandante, que le abría las puertas del nivel 3.

A continuación llegaba al nivel 3 (Nivel Emocional) y prácticamente se mantenía en este nivel, tomaba fuerzas para mover a las personas a realizar las acciones que mejor consideraba. Algunas personas dicen que el dinero y el engaño movían a muchas personas, eso no lo puedo discutir, posiblemente sea verdad, pero también es verdad que el discurso de Chávez conquistó a millones.

Recuerdo la campaña presidencial de las últimas elecciones que ganó Chávez, cuando en pleno cierre de campaña, delante de miles de personas y con todos los medios de comunicación dijo: «No importa que no arreglaron la calle, que no llegó la luz, que se fue el agua, que no conseguí empleo, que no me han dado mi casa, lo que está en juego es la vida de la patria».

Y posteriormente a este discurso consiguió la reelección. Lo que quiere decir que su discurso convencía enormemente, porque para ganar las elecciones después de hacer esta afirmación negativa de su gestión y después de catorce años de gobierno, no se puede conseguir otra respuesta.

Su poder de convencimiento era impresionante y es algo que debe reconocerse de ambos lados, seas o no seguidor de Chávez.

Quiero dar ejemplos de personas que han llegado al nivel espiritual con su mensaje. No voy a colocar a Chávez en este nivel porque es una respuesta que el lector debe conseguir por sí solo, si en realidad Chávez llegó a este nivel, que considero el más importante, o si se quedó en el nivel 3, el nivel emocional.

Los ejemplos son los siguientes, por favor léelos en voz baja y lentamente.

«Aprendí que el coraje no era la ausencia de miedo, sino el triunfo sobre él. El valiente no es quien no siente miedo, sino aquel que conquista ese miedo»

(NELSON MANDELA).

«Aquel día decidí cambiar tantas cosas, aquel día aprendí que los sueños son solamente para hacerse realidad. Desde aquel día ya no duermo para descansar, ahora simplemente duermo para soñar»

(WALT DISNEY).

«Dar ejemplo no es la principal manera de influir sobre los demás; es la única manera que existe»

(ALBERT EINSTEIN).

«No puedo parar de trabajar. Tendré toda la eternidad para descansar»

(MADRE TERESA DE CALCUTA).

«Nuestra recompensa se encuentra en el esfuerzo y no en el resultado. Un esfuerzo total es una victoria completa»

(MAHATMA GANDHI).

«Pedid y se os dará, buscad y hallaréis, llamad y se os abrirá. Porque todo aquel que pide, recibe, y el que busca halla, y aquel que llama, se le abrirá. ¿Qué hombre hay de vosotros, que si su hijo le pide pan, le dará una piedra?, ¿o si le pide un pescado, le dará una serpiente?»

(JESÚS DE NAZARET).

A continuación quiero mostrarle las técnicas que utilizó Chávez en su discurso y que le proporcionaron el éxito que tuvo para no perder ninguna elección. Vamos a desarrollar tales técnicas a través de seis elementos del discurso. Obviamente hay otros elementos implícitos en las victorias que tuvo, sin embargo nos concentraremos en su discurso que sigo diciendo fue su mejor arma durante su mandato.

LOS SEIS ELEMENTOS
DEL DISCURSO DE CHÁVEZ

Todos estos son los elementos que consideramos están implícitos en el discurso del Comandante y que consideramos que lo llevaron a ser un gran orador. Los vamos a desarrollar en las siguientes páginas. Estos elementos, bien utilizados, pueden hacer que la persona que habla en público pueda avanzar en los niveles de la oratoria hasta llegar al nivel espiritual, siempre y cuando su mensaje sea sincero y esté lleno de bondad. De la misma forma puede mover masas y convencer a grandes cantidades de personas. También pueden servir para crear los más viles actos de maldad, manipulando a las personas que le siguen. En todo caso, es decisión de cada quien utilizar estas técnicas para mal o para bien.

Siempre lo he dicho: las técnicas de comunicación, los elementos del discurso y los elementos implícitos en los niveles de la oratoria por sí solos no son malos ni buenos, un cuchillo es un cuchillo, no es malo ni bueno, pero la utilidad que le da la persona es lo que determina si se convierte en una herramienta de maldad o de bondad.

Un cuchillo puede servir para untar mantequilla o para herir a alguien pero el cuchillo no tiene la culpa ni es responsable del hecho.

Cuando el líder trata de aprovecharse de los demás utilizando todos los elementos del discurso y llenando de mentira a sus seguidores, posiblemente logre su objetivo, pero su discurso sólo se quedará en el nivel emocional negativo y nunca podrá llegar al alma o al espíritu de quien escucha. Recordemos que el nivel emocional está dividido en positivo y negativo.

Tal es el caso de Adolfo Hitler, quien manipuló a millones de personas teniendo como objetivo el concentrar mucho poder y alimentar su ego personal. El discurso de Hitler estaba centrado en el nivel emocional negativo ya que el resultado de sus objetivos fue sangre, desidia y muerte.

También hemos tenido casos de líderes mundiales que han aprovechado sus dotes de oradores para mover al mundo y lograr sus causas que han traído beneficios para la humanidad, como Martin Luther King, para nombrar uno.

Vamos a ver todos estos elementos que dieron vida al discurso del Comandante, y sea usted quien tiene la última palabra para saber si Chávez utilizó todos estos elementos para aprovecharse de sus seguidores y alimentar su ego personal, o para conseguir seguidores para su filosofía socialista y mejorar la calidad de vida de las personas.

Los elementos son los siguientes:

1. **Tono de voz cambiante**
2. **Competitividad**
3. **Gestos y carisma**
4. **Incorporar al público**
5. **El encuadre**
6. **La metáfora**

Vamos a empezar por desarrollar cada uno y así tener una visión más nítida. ¡Empecemos!

1. Tono de voz cambiante

Los años en la Academia Militar le permitieron a Chávez fortalecer su voz. Tener a su cargo tropas, compañías y hasta batallones, dando órdenes en áreas abiertas, le obligó a tener un tono de voz muy alto y fuerte. Por experiencia tuvo que aprender a proyectar la voz, lo que le dio una ventaja importante cada vez que tenía que dirigirse a las masas.

El Comandante fácilmente podía gritar sin que se le «fuera el gallo», gracias a esa fortaleza que ganó su voz con los años en la milicia y también el tiempo que estuvo como profesor en la Academia Militar.

Esto le permitía gritar con mucha fuerza y sin forzar sus cuerdas vocales cada vez que iba a proferir frases emotivas dentro de su discurso, cuestión que a otros líderes políticos se les dificulta.

Para la última campaña presidencial, cuando enfrentó a Henrique Capriles Radonski, estuve observando las dos campañas y los dos discursos y Chávez, a pesar de su enfermedad y que no podía caminar mucho, tuvo que utilizar otras estrategias para darle fortaleza a su campaña, sólo con el tono de voz tenía una ventaja importante en cuanto al discurso.

Por un lado, Radonski caminó muchos más pueblos que Chávez buscando el voto. Chávez no lo podía hacer por su enfermedad, pero a la hora del discurso, Chávez cómodamente se veía enérgico y su tono le ayudaba a pronunciarse con mucha fuerza, cuestión que a Radonski se le hizo cuesta arriba, y queriendo también subir el tono de voz en muchas ocasiones se le «iba el gallo» durante su discurso, transmitiendo a quienes le escuchaban un mensaje inconsciente de debilidad.

Hoy, mientras escribo este libro en plena campaña presidencial entre Capriles y Maduro puedo ver cómo Capriles ha mejorado su discurso en un cien por ciento, cómo sus gestos son más enérgicos y van acordes con sus palabras, habla más pausado y con un tono de voz más curtido tanto en la fortaleza que han ganado sus cuerdas vocales como en la sabiduría de cuándo subir o bajar el tono. Todo esto es resultado de su trayectoria como líder político. Gane o no las elecciones, hay que reconocer el crecimiento de Capriles en su discurso.

No estoy diciendo si uno era mejor que el otro en cuanto al liderazgo, o que Capriles era más débil que Chávez. O que Chávez fue mejor líder que Capriles. El liderazgo no puede medirse sólo por el discurso, hay otros factores que complementan el liderazgo y Capriles también es un gran líder, lo ha demostrado y hay que reconocerlo, así seas simpatizante de Chávez. El mismo Chávez reconoció el liderazgo de Capriles con aquella llamada inmediata que le hizo luego de ganar las elecciones, donde le manifestó su respeto y se comunicó para conversar y pedir apoyo para buscar soluciones a los problemas de Venezuela.

Sin embargo, lo que quiero resaltar es que el tono de voz jugó un papel muy importante en los discursos de los candidatos en esa campaña en vista del mensaje inconsciente que se estaba enviando al pueblo.

Si usted escucha a una persona que quiere gritar y «se le va el gallo», se le va la voz, puede interpretarse como sinónimo de debilidad; posiblemente muchas personas piensan que «no tiene fuerza su discurso» o «le falta carácter» para gobernar. A lo mejor la realidad es otra, pero no podemos evitar hacer suposiciones, éstas ocurren de manera inconsciente en nosotros.

Cuestión esta que en cierto modo resta credibilidad en muchos casos, como ocurrió en esta campaña presidencial donde desde mi punto de vista el discurso fue uno de los factores que influyó contundentemente, obviamente aunado a otros factores, para que Chávez ganara las últimas elecciones presidenciales.

Durante su carrera política, que inició en 1982 con la fundación del Movimiento Bolivariano Revolucionario 200 (MBR200), partido político que le permitió crear las estrategias para llevar a cabo el fallido golpe de Estado de 1992. Desde allí ya Chávez tenía una poderosa oratoria y cuando empezó a salir en los medios a dar un discurso muy corto o largo, ya sea un evento formal o para el pueblo, se aseguraba de incluir varias tonalidades en su voz mientras hablaba. En pocas palabras, sabía con claridad cuándo subir y cuándo bajar el tono de voz.

Se dice que los minutos que le dieron en televisión cuando lo detuvieron por el fallido golpe de Estado fueron trascendentales en su carrera. He escuchado a personas que trabajaron con Chávez directamente, de las cuales no puedo mencionar nombres, que él pedía esos minutos para poder hacer que sus soldados depusieran las armas. Pero en realidad lo que quería era tener unos minutos en televisión para proyectarse ante el pueblo venezolano y que supieran que él fue el responsable de todo el evento (http://goo.gl/BWZpT).

Sus palabras tuvieron un excelente tono de voz, excelente dicción, que denotaron preparación y liderazgo, además de seguridad y responsabilidad por lo que se hizo. Lo que abría un gran camino que luego se transformó en lo que conocemos de Chávez.

El tono de voz le permitió tener convicción, firmeza, dominio de la escena, lo que se tradujo en seguridad para quien escuchaba. Lo que deja bien claro que en los discursos no importa lo que se diga sino cómo se diga.

Un tono de voz cambiante por parte del líder orador mantiene alerta al público porque permite que exista algo denominado *variación de estímulos*. Las profesoras Alicia Mazza y Ana Colmenares, en su libro *Las 7 técnicas de clase* explican ampliamente este concepto que incluye a todos los sentidos, pero en este caso hacemos alusión al oído, por tratarse del tono de voz.

La variación de estímulos lo que consigue es que las personas estén atentas lo que dice el líder orador –por eso el nombre de variación de estímulo–, evita el aburrimiento y mantiene la atención.

Desde mi punto de vista, el éxito de un discurso en este elemento ocurre porque subir y bajar el tono de voz durante el discurso de manera apropiada es algo similar a montarse en una montaña rusa. Imagine una montaña rusa sin subidas ni bajadas, creo que no fuera divertida.

He escuchado algunos presidentes de otras naciones y me he percatado de que su tono de voz no es adecuado, porque en múltiples oportunidades tienen un tono de voz muy bajo y no proyectan la voz para que todos escuchen con plena claridad lo que se dice. También en muchos casos aburren manteniendo la monotonía del tono.

La intención primaria en lo que se refiere a la voz, es que cuando se inicia la presentación en público es necesario ajustar el tono de voz para que todos escuchen. Siempre que habla un líder político lo hace con micrófono o parlante, y conversar en público con este tipo de insumos no es fácil.

Chávez se aseguraba de no aturdir los oídos de las personas, pero que se escuchara con claridad lo que él decía en cada rincón donde se estuviera presentando. También se aseguraba de no mantener monotonía en su tono de voz. Bajaba el tono de voz y cambiaba el ritmo o la velocidad del habla cuando quería llamar la atención de su público. Esta es la aplicación exacta de la variación de estímulos de la que hablaba.

Bajar la voz durante los discursos permite que las personas entren en un pequeño trance, ideal para contar historias o metáforas.

Tenemos que tener claro que Chávez, a pesar de que bajaba el tono de voz cuando iba a contar una metáfora, aun cuando quería llamar la atención de su público o cuando quería que entraran en ese pequeño trance ideal para enviar un mensaje subliminal, se mantenía proyectando la voz, a diferencia de otros presidentes que he estado observando y que en mi opinión hablan muy bajo y no saben proyectar la voz.

No crea lo que estoy diciendo, empiece a comparar cómo hablan otros presidentes y otros líderes políticos. Puede hacerlo observando videos en la web, vale la pena que pueda experimentar con lo que le digo evaluando por sus propios medios. Muchos no se fijan en estos detalles, pero estos detalles son los que marcan la diferencia en los discursos motivacionales, que son prácticamente la esencia de los discursos políticos, teniendo la motivación como elemento central. Y además, estos detalles son la forma más eficaz de avanzar en los niveles de la oratoria.

Un truco interesante para proyectar la voz es visualizar como si estuviese lanzándola hasta el final de la sala o auditorio, independientemente de que tenga un micrófono o no, es decir hasta la última fila, hasta la persona más alejada si está en lugar abierto. Si escucha la persona más alejada, todos escucharán.

Ese cambio de tono de voz bien utilizado puede traer beneficios impresionantes en los discursos, además de mantener activas a las personas que lo escuchan por el fenómeno mencionado antes, la variación de estímulos.

En los discursos de Chávez podíamos observar cuando subía la voz para decir alguna frase emotiva o que requería energía y ganar los aplausos de los presentes. Inclusive, *cambiaba* tanto el tono de voz como la *velocidad* con que pronunciaba las palabras. A veces hablaba de prisa o con lentitud, dependiendo de lo que deseaba transmitir.

La velocidad activa el campo visual y las imágenes mentales, es ideal para hacer visualizar a la audiencia; hablar lento y con ritmo activa el diálogo interno como mecanismo para hacer reflexionar a los presentes. También, cuando el Comandante quería que las personas experimentaran con sensaciones emocionales y corporales hablaba aún más lento y con voz más grave, como el bajo de una banda sonora.

Algo que tenía presente Chávez era cómo elaborar su discurso en diversos ambientes y situaciones, es decir, en cumbres de países, reuniones internacionales, campañas electorales, en la Asamblea, y así sucesivamente sabía elaborar su discurso en los diferentes escenarios.

Para los líderes oradores, como lo fue para Chávez, combinar estos elementos es similar a los ingredientes de una receta: sabiéndolos mezclar se obtiene un rico plato.

Por esa razón Chávez tenía un programa de televisión todos los domingos que muchas personas veían para criticarlo o para alabarlo, ¿pero que se aburrieran de él? No creo, siempre daba de qué hablar.

¿Qué pasa con algunos líderes políticos, al igual que con algunos presidentes de otros países? Que muchas veces en sus discursos utilizan un tono de voz monótono que causa aburrimiento inconsciente. Escuchar un discurso de una persona que mantiene un tono de voz monótono sin subirlo o bajarlo paulatinamente es como escuchar música con el mismo tono de melodías. El éxito de las melodías musicales está en la variación de los ritmos y niveles. Por eso a los líderes políticos les resulta variar el tono de voz constantemente durante su discurso, porque les brindará grandes beneficios y así mantendrá alerta y activo al público.

Para resumir, el discurso del Comandante tenía éxito porque era la propia montaña rusa, bajaba el nivel casi hasta la relajación y subía el nivel hasta la máxima excitación. Y esto lo hacía continuamente durante todo el discurso, permitiéndole este elemento ir subiendo y avanzando en los niveles de la oratoria.

2. Competitividad

Los grandes líderes políticos saben un secreto que tienen bien guardado y que les quiero contar en este elemento a desarrollar. ¡Oídos alertas!

Desde que un espermatozoide llega al óvulo como el primero de millones, podemos evidenciar ya desde allí que el ser humano es competitivo. Estamos compitiendo en todo momento y desde mi punto de vista es una actividad natural, una conducta en nosotros que no sé si es innata o aprendida, pero sin embargo es algo que nos mueve internamente desde muy temprano en nuestras vidas.

El hecho de competir nos apasiona. Muchas veces el solo hecho de ver una competencia suple el placer que nos trae la competitividad en sí misma; si no me cree, asista a un estadio de fútbol y mire la gran cantidad de personas apasionadas porque su equipo está compitiendo.

Entonces, cuando no podemos competir queremos que alguien lo haga por nosotros. Eso sin manifestar el caso de los apostadores, los cuales son todavía más apasionados y fanáticos de la competencia y el juego. Cuando hablo de apostadores no me refiero sólo a dinero, sino a personas que apuestan y arriesgan las relaciones familiares o amistosas, entre otras.

Algunos autores de la psicología moderna dicen que la competencia es una conducta aprendida y que no es necesaria para la felicidad de los humanos, que más bien entorpece ese proceso de conseguir la plenitud de armonía espiritual.

No sé hasta qué punto eso será verdad, lo que sí puedo asegurar es que la competencia es muy pero muy antigua y que pareciera que es una conducta que tenemos arraigada en lo más profundo de nuestro interior como seres humanos. No quiero discutir aquí si la competencia es buena o no para la armonía espiritual, lo que sí quiero que observes es lo importante que es competir para la mayoría de los humanos.

Una cosa es que en nuestra vida tengamos que afrontar algunas situaciones competitivas y otra es decir que vivimos compitiendo en todo momento y que no podemos vivir sin competir. Sin embargo, la competencia está presente en muchas de nuestras situaciones y se manifiesta a lo largo de nuestra vida.

¿Hasta dónde quiero llegar con todo esto y qué relación tiene con el discurso del Comandante?

En un momento te daré la respuesta, por ahora te pido el favor de que sigas leyendo.

Siguiendo lo de la competencia aquí tenemos un ejemplo real.

Una vez estaba facilitando una de mis primeras clases como profesor de educación física. Recuerdo que era un grado con niños de educación inicial y entonces como eran pocos mandé a que hicieran dos columnas al final de la cancha y que por pareja fueran trotando suavemente y con lentitud hasta el otro extremo de la cancha. Recuerdo bien que hice énfasis en que fueran muy lentamente y con suavidad para ir calentando el cuerpo poco a poco.

Contrario a eso, los primeros niños que pasaron a ejecutar el trote empezaron a mirarse uno al otro y a aumentar poco a poco la velocidad, y a medida que uno avanzaba más de prisa, el otro también aumentaba el ritmo para no quedarse atrás, hasta que terminaron corriendo a máxima velocidad.

Así sucesivamente, todos terminaron corriendo a máxima velocidad, lo que me llevó a pensar que tienen la competitividad «por dentro» como si fuese algo natural. Nadie les dijo que corrieran o que compitieran, pero lo hicieron.

Lo curioso es que tuve que repetir el ejercicio varias veces, porque al querer iniciarlo nuevamente ocurría el mismo problema.

Lo que quiero explicar con esto de la competitividad que tenemos como humanos es que el Comandante, al igual que algunos líderes políticos mundiales, aprovechaba para incorporar en sus discursos elementos que nos movieran a competir y a brotar ese impulso natural de la contienda. Esto tiende a polarizar, y de esta manera marcar territorio y dividir, teniendo entonces más claro con quién contar. Son dos equipos, y en este caso dos modelos económicos.

El Comandante incluía en su discurso la competición, siempre tenía un adversario a quien oponerse, contra quién combatir, contra quién pelear. A veces era real, otras no tan real. Algunos dicen que esa competitividad, esa confrontación de Chávez era contra una conspiración mundial que quería aprovecharse de los países del Tercer

Mundo, otros, que eran algo totalmente neurótico que traía odio y confrontaciones en el país. Eso no lo he estudiado ni comprobado todavía, lo que sí es cierto es que la competitividad le daba fuerzas a su discurso. Porque la competitividad atrae a muchas personas.

En pocas palabras, sea cierto o no lo de las conspiraciones, Chávez aprovechaba este impulso por competir que nos acompaña en lo más profundo de nuestro interior como seres humanos para hacer que su discurso, sus ideales y su sistema de gobierno ganaran en pasión desbordada. Es decir que la competitividad le daba una fuerza gigantesca a su discurso, y además las personas que estaban con él se convertirían en sus compañeros de equipo, sus «aliados para la guerra».

Muchas personas anhelan apegadamente ponerse un uniforme de lo que sea, un deporte, el club, un equipo, algo que los identifique como parte de alguna comunidad grupo, sólo por pertenecer a algo, lograr aceptación social. Quizás dirán algo como: «es mejor estar aquí con este grupo, que estar solo». Y no ha de culparse a nadie por esa situación, ya que es una condición humana la de vivir en sociedad. Es parte de nuestra historia ancestral mantener el contacto con otros humanos. Necesitamos interactuar y estar conectados con otros, si no pregúntele a los que inventaron las redes sociales.

Algo trascendental del discurso del Comandante en esto de la competitividad es que su discurso te obligaba, como dijo él mismo, a escoger: «o estás conmigo o estás contra mí». Lo que de una manera u otra te ponía como audiencia entre la espada y la pared para elegir uno de los dos bandos que generalizó o puntualizó el Comandante.

Y esto hace alusión a los sistemas de gobierno que nos han marcado por siglos. Y es que el discurso del Comandante lo que pretendía directamente era colocarte a jugar en uno de los dos equipos, capitalismo o socialismo.

En cierto modo eso era beneficioso desde un punto de vista, porque permitía saber directamente con quién estabas y además levantar la pasión que sólo puede llegar con la competencia. Pero lo perjudicial de esta situación de competitividad era que traía confrontaciones entre las personas que pensaran diferente, ya que la pasión se desbordaba por el discurso apasionado del Comandante y traía o trae resultados de fanatismo exagerado. El fanatismo es irracional y se deja llevar por las emociones negativas llevando al ser humano hacia un camino ciego que no le llevará a ningún lado.

Este discurso como él mismo lo dijo, era con toda conciencia y plena intención. Pero la pregunta es, ¿lo hacía para ganar aliados y defender sus ideales socialistas? ¿O lo hacía para crear caos y evitar alguna otra posible intención de liderazgo latente?

Le voy a explicar cómo funciona el juego de la competitividad con un ejemplo sencillo. En mi país existe una rivalidad entre dos equipos de beisbol, Navegantes del Magallanes y Leones del Caracas. Cada vez que hay un encuentro entre estos dos equipos, las tribunas se llenan y hay todo un ambiente de emoción. Hasta allí todo está bien. El problema ocurre cuando esa pasión no se controla e inicia el fanatismo exagerado, entonces en las tribunas se desarrollan peleas entre fanáticos que desatan caos para todos, desde agresiones verbales y físicas hasta muertes.

Las pasiones que desatan el deporte y la competencia son conocidas a nivel mundial y ya han traído grandes dividendos a la industria del deporte, sólo porque en general las personas aman la competencia.

Le invito a que observe el fenómeno del deporte mundial, observe las rivalidades entre equipos y los millones de personas de todo el mundo que asisten a los estadios sólo a sentir esa pasión que se logra exclusivamente a través de la competición.

El discurso del Comandante incorporaba muchos elementos de competitividad, muchos dicen que para crear guerra, pelea y odio entre los venezolanos; otros aseguran que lo hacía para defender los derechos de las personas más necesitadas, pero lo cierto es que incluía en su discurso, quizás implícita o explícitamente, mensajes de confrontación, propia de la competitividad humana.

Quizás porque era un militar que se preparó para la guerra o un deportista que sabía a plenitud lo apasionante de competir.

Lo cierto es que la polémica se hacía presente cada vez que el Comandante asomaba la nariz en una cámara de televisión. Y no hay nada más ardiente que la polémica por este mismo fenómeno de la competición.

Tuve la oportunidad de ver a Rafael Caldera y a Carlos Andrés Pérez dando discursos, ambos expresidentes de Venezuela, como he tenido la oportunidad de observar a muchos presidentes de varios países tanto de Latinoamérica como del mundo, y nunca he visto a alguien que levantara tanta polémica y generara tanto espíritu de competitividad como lo hacía Chávez; por esa razón, uno de los aspectos más significativo en su discurso fue el incorporar el elemento de *la competitividad*.

La competitividad es alimento para las emociones, lo que permite que al incorporarla en los discursos se pueda ir escalando en los niveles de la oratoria con mayor facilidad.

3. Gestos y carisma

Ya es bien conocido por las personas que han visto al Comandante en escena que tenía todo un repertorio de gestos al hablar en público. Chávez sabía que los gestos y el carisma le daban a sus seguidores alimento para la mirada, pudiendo capturar la atención de todos.

El lenguaje corporal representa 55% de la comunicación, y esto es un aspecto que trabajan mucho los líderes políticos. Chávez, cuando deseaba activar a las personas, sus gestos eran enérgicos; pero cuando su discurso era para los medios internacionales o estaba en alguna reunión con otros jefes de Estado, es decir, un discurso más formal, entonces los gestos eran más educados y menos movidos.

Una investigación ya clásica del profesor Albert Mehrabian relató que el mensaje más decisivo dentro de la comunicación está balanceado hacia los gestos y el lenguaje corporal, por esa razón es indispensable que el líder orador tenga presente qué desea transmitir con sus gestos y posturas corporales.

He visto a líderes políticos manteniendo posturas corporales inadecuadas mientras hablan en público. Posturas encorvadas, desgarbadas, que reflejan y envían un mensaje inadecuado, distrayendo y dando un mal aspecto hacia la audiencia.

El lenguaje corporal hablará siempre más alto que la voz, en vista de que irá directamente a la parte del cerebro que es más poderosa, el inconsciente.

También en los discursos de Chávez podíamos observar que era todo un actor, porque sabía controlar muy bien los gestos faciales.

Los gestos faciales, al igual que los gestos corporales, hablan más que las mismas palabras.

Hay un elemento que dinamiza los discursos y es el movimiento. El movimiento le da vida a un discurso, por eso los grandes líderes oradores no se quedan inmóviles sino que se mueven, logrando establecer contacto visual con las personas que están presentes observando su mensaje.

Cuando veíamos a Chávez hablando a un grupo grande de personas, cómodamente tomaba en cuenta este elemento de la oratoria y se viraba para observar a los de la derecha e izquierda, como si estuviese hablando con alguien en específico, como si estuviera hablando contigo, como que si no hubiese nadie más. Hacía señas para los que estaban atrás, incorporaba a los que estaban más cerca y así sucesivamente le daba vida a su discurso.

Ese carisma que caracterizó a Chávez permitió que se rompieran los protocolos, y de ahora en adelante difícilmente veremos un candidato en Venezuela hablando pasivamente y estático. En adelante, si alguien quiere conquistar al pueblo venezolano para ser Presidente debe tener un discurso que incluya las expresiones, el movimiento y el carisma en su máxima expresión.

No estoy diciendo que deba copiar a Chávez, lo peor que puede existir en oratoria es querer copiar con exactitud a alguien. Eso lo que traerá es fracaso. Cada quien tiene su personalidad y a pesar de que hay elementos de la oratoria que hay que seguir para tener éxito, esos elementos siempre hay que adaptarlos a cada personalidad y estilo, que son únicos.

Movilizarse en el escenario, ya sea en un ambiente abierto o detrás de un estrado, permite que exista con mayor facilidad contacto visual con las personas. Técnica altamente poderosa que funciona como mecanismo que genera confianza en quien escucha y además la persona que escucha siente que le están hablando a ella. Lo que trae como consecuencia mayor atención.

Desde mi punto de vista no existe un modelo exacto a seguir en cuanto a la gestualización, sin embargo hay especialistas que aseguran que apuntar con los dedos, que colocar las palmas de una forma u otra da resultados. Chávez acabó con esas teorías, si no me creen, compruébelo.

Hay gestos que en un sitio pueden representar una cosa y en otro sitio otra, dependiendo de la cultura en donde se presenten.

Lo que puedo recomendar para este tema es combinar las palabras con los gestos y además moverse en escena hasta el punto de mirar a todos los presentes. Esto enviará un mensaje importante a los presentes para ir subiendo desde el nivel Boca-Oído hasta los siguientes niveles, obteniendo por ende un mensaje más efectivo.

4. Incorporar al público

Chávez era totalmente impredecible a la hora de dar un discurso y su carisma no tenía límites. Una fortaleza de su forma de comunicarse a la hora de elaborar su presentación era la improvisación. Y lo más trascendental era el incorporar personas cuando hablaba, esto le dio vida a su discurso e hizo que creciera su popularidad.

Estoy seguro que Chávez tenía discursos elaborados, pero la mayor parte de lo que hablaba salía de forma espontánea; y una cualidad interesante que tenía el Comandante y que tienen muy pocos líderes a la hora de hablar en público, es incorporar a las personas.

En muchos discursos el Comandante preguntaba a los que estaban presentes algo sobre el tema. Si hablaba de vivienda, le preguntaba a alguien, «¿Cuántas viviendas llevamos este año construidas?» y por allí le respondían.

A veces decía «¿Cuándo va a llegar el café?». Como algo natural, y eso además de mantener activos a los presentes les permitía tener popularidad con las personas que lo veían por televisión. Literalmente le decía a todos de manera inconsciente: «Soy como tú, una persona común y corriente» eso era lo que hacía que muchas personas confiaran en él.

La confianza se basa en hacerle ver al otro que hay puntos en común entre ambos, y en comunicación, según las investigaciones, el liderazgo fluirá en la medida que se pueda establecer una atmósfera de credibilidad y confianza mutua.

El solo hecho de romper con el protocolo de los discursos para preguntar si había café o para pedir una opinión, hacía que se desarrollara la confianza entre los seguidores de Chávez.

Esto era lo que permitía construir un punto de conexión entre él y sus seguidores. Sencillamente lo veían como alguien alcanzable y sencillo, cuestión que otros líderes no proyectan. A lo mejor no era tan cierto que Chávez era alcanzable y sencillo, posiblemente era un juego psicológico, pero existía la esperanza, por eso creían en él, independientemente de que la seguridad del país seguía igual de pésima que en años anteriores, o si su sistema de gobierno tenía fallas enormes como él mismo lo dijo (http://goo.gl/f78rQ). Eso ya no importaba porque «él es humano y va a trabajar por mejorarlo».

El fenómeno de incorporar a las personas en el discurso permitía que los presentes estuvieran metidos en el tema, también le permitía a él mismo hacer pausas para retomar el discurso con ideas más claras al cederle la palabra momentáneamente a otro.

Cuando se habla mucho tiempo las pausas son recomendables para oxigenar el discurso, y este tipo de pausas cuando se incorpora a personas del público en el discurso atrae fuertemente la atención de todos, independientemente de que se esté incluyendo sólo a una persona.

Una vez un profesor estaba dando su clase y todos los alumnos estábamos aburridos y no le estábamos prestando atención, y de pronto el profesor le gritó a un compañero que estaba en la última fila del salón «Te estás durmiendo fulano» y todos volteamos a mirarlo, e inmediatamente espantó cualquier indicio de aburrimiento que existía y además, como por arte de magia empezamos a prestar atención a su clase. En pocas palabras, incorporar a uno es incorporar a todos y esto hace que todos prestemos atención.

Incorporar a personas en un discurso es un riesgo muy grande pero trae beneficios considerables.

Pero no todo fue color de rosa cuando Chávez incorporaba personas en su discurso.

Hay dos anécdotas que recuerdo muy bien, cuando el Comandante queriendo incorporar a terceros en su discurso, en cierto modo las cosas no salieron como estaban pensadas.

Una vez había un acto de unos indígenas venezolanos y Chávez, con el carisma que lo caracterizaba, le dio el micrófono a la niña y le pidió que lo invitara a su vivienda, la cual era un palafito y le dijo: «Invítame a tu palafito» y la niña le dijo con un tono de queja: «Lo invito a la laguna para que vea todos los problemas que hay allá». Chávez, tras la sorpresa del público, respondió un poco apenado: «Bueno, debo ir». La niña siguió diciendo: «Presidente por favor, que aprueben el proyecto de la escuela bolivariana Sinamaica» (capital del municipio Guajira en el estado Zulia). Chávez inmediatamente se comunicó con el ministro de Educación que estaba presente y preguntó: «Navarro ¿y quién tendrá ese proyecto?». La niña con total espontaneidad prosiguió: «Que se está cayendo esa escuela, los niños tienen que estar en una enramada, que se está cayendo». Inmediatamente llegó el ministro y Chávez le dijo a la niña: «Mira, este es el ministro de Educación». La experiencia no fue del todo agradable para los presentes y los que mirábamos por televisión, y en cierto modo hizo quedar mal a Chávez y su equipo, (http://goo.gl/WXaoF).

Otro ejemplo fue el día que Chávez recibió a un niño de dos años que le llevaba una nota de su madre al Comandante en plena cadena nacional. Mientras la seguridad presidencial iba a interceptarlo Chávez, dijo a las personas de seguridad: «Déjalo quieto» para permitir que el niño llegara donde estaba él. Y por último lo llamó, llegándose el niño hasta donde estaba el Presidente. Éste lo cargó, lo sentó en la mesa donde él estaba y le colocó el micrófono haciéndole unas preguntas sobre su nombre, su edad. Luego tomó la nota y no la leyó completa, de hecho tarareó algunas cosas para no mencionarlas en público. Luego Chávez le preguntó sobre su mamá y sobre su hermano y el niño dijo a toda voz «Lo mataron», refiriéndose a su hermano. Lo que cayó inmediatamente como un balde de agua fría entre los presentes y en el mismo Chávez según su gesto facial y me imagino que en todo el que lo observaba por televisión (http://goo.gl/2elli).

Chávez como pudo trató de consolarlo y de asumir el problema de la madre que no tenía casa, llamando a una persona de su equipo de trabajo para que asumiera el caso. Luego dijo enérgicamente: «Tendrán casa», la gente aplaudió y Chávez saludo, al niño con el choque de manos que estaba de moda y lo despidió. Esto que realizó Chávez en este momento se llama encuadre, supo modificar el hecho, colocándolo a su favor. Más adelante lo explicamos mejor.

No fue nada fácil, pero Chávez supo aprovechar lo que pudo haber sido un gran golpe en contra de su gestión.

Lo que quiero enfatizar de todo esto es que a pesar de que muchas veces, por improvisar e incorporar personas en lo que estaba presentando en cuanto a discurso, permitía que en cierto modo se salieran las cosas de las manos y se diera todo como no estaba planeado. Pero aun así, el hecho de incorporar a las personas era más fuerte que lo que pudiera pasar. Así se «metiera la pata», no importaba porque «primera vez que un Presidente inclu-ye a las personas» y además, la influencia que tiene en el público que las personas sean incorporadas, «paga la cuenta y sobra dinero» si algo llegara a salir mal. En po-cas palabras, es altamente beneficioso para el discurso.

Cuando Chávez incorporaba personas en su discurso debo mencionar una cualidad muy interesante que tra-bajan mucho los líderes políticos y que es indispensable para la salud del discurso. Y no es más que la técnica de salir y entrar del tema.

Cuando un líder está llevando a cabo su discurso y ha-ce pausas momentáneas para salir del tema, contar un chiste o una anécdota, en fin, contar una metáfora o en es-te caso incorporar a personas en el discurso, permite que las personas de la audiencia puedan reposar, oxigenarse, descansar del discurso, que por muy bueno que esté tiende a cansar después de cierto tiempo, y estas pausas funcionan como un mecanismo de receso dentro del mismo discurso.

A todo este protocolo es a lo que llamo *Salir y entrar al tema*.

Lo que ocurre con este fenómeno utilizado por el Comandante como técnica para su discurso y que muy pocos líderes utilizan, es que el proceso de atención re-quiere de estímulos. Por eso las personas que se encuen-tran en la audiencia, los seguidores, requieren que los estén estimulando para poder prestar atención durante un tiempo específico y más si este tiempo va a ser muy largo, como solía Chávez ejecutar sus discursos.

Para generar atención es importante, por lo que explicábamos sobre el fenómeno de la variación de estímulos, ejecutar cambios repentinos del curso y la forma como se está presentando la información. En pocas palabras, para mantener la atención de los que escuchan hay que ejercer cambios continuos en la forma del discurso. Y eso era lo que hacía el Comandante para no aburrir a las personas que le escuchaban.

Esos cambios rompían con cualquier adaptación que se pudiera estar generando en las mentes de los presentes, evitando caer en la monotonía, porque si el estímulo no varía la atención cambia de dirección, sencillamente porque la atención no puede permanecer fija por mucho tiempo en una sola actividad.

Por eso recomiendo a las personas que hablen en público y quieran mantener la atención de quien escucha, variar los estímulos para que el proceso de atención, que dura poco, se mantenga.

Esta era una de las técnicas esenciales del discurso del Comandante.

Si un líder orador lo que quiere es quedarse en el nivel Boca-Oído de la oratoria y aburrir al público, entonces la herramienta es mantener la monotonía en su discurso, lo mismo, lo usual, lo de siempre.

Pero si quiere escalar en los niveles poco a poco hasta llegar al nivel más alto, debe perfeccionar estas técnicas que aquí se le presentan.

5. El encuadre

Hay una técnica muy poderosa en la oratoria que desde mi punto de vista logró que Chávez pudiera conseguir el apoyo de millones. Es una técnica de la cual hablo y menciono en cada uno de los talleres que imparto y que está bien explícita en el libro *La Oratoria de los Líderes y sus 4 niveles* y se llama *el encuadre*.

Es una técnica que redunda en la sencillez, pero es extremadamente poderosa a la hora de convencer a las personas sobre ideas, filosofías y teorías.

Durante el transcurso de la historia la vida del ser humano ha tenido varias herramientas de poder en la medida que se desarrollaba dicha historia. Este cuadro que mostramos abajo es un súper resumen para ilustrarnos mejor.

Este cuadro lo que explica muy brevemente es cómo las herramientas de poder han ido evolucionando en el

Era	Herramienta de poder	Quién ejercía el poder
La caza y la recolección	Habilidades humanas	Quien supiera cazar
Agraria	La tierra	El dueño de la tierra
Industrial	El capital	Quien tuviera el dinero
Información	La información	Quien sabe utilizar la información…

tiempo y cómo los líderes las han ido utilizando para ejercer ese poder.

La información es la última herramienta de poder vigente que cada día tiene más fuerza. En el libro *La Conspiración de los Líderes, ¿quien vigilará a los vigilantes?* se explica ampliamente este cuadro con ejemplos reales.

Sin embargo, aquí lo que se quiere explicar es que la oratoria, el discurso, pasa a ser parte de esa herramienta de poder de la era de la información, la era en la que estamos viviendo para el momento en que estoy escribiendo este libro.

El discurso tiene estricta relación con el tema de *la información*, cómo manejarla, de qué forma expresarla y cómo utilizarla para obtener beneficios y ayudar a otros, o también cómo manipular y aprovecharse de otros.

Ahora, la información por sí sola no tiene sentido. El sentido se lo da la persona que informa. Si usted observa un fenómeno en el ambiente, cualquiera que sea, la información llegará a su cerebro de una forma, pero en la medida que usted la comunique empezará a tomar sentido. ¿Cuál sentido?: el que usted le da.

Y cada quien le dará un sentido diferente. Sin embargo, los líderes actuales buscan un sentido de la información que les traiga ventaja, beneficio. Sea cual sea la información, se le puede buscar el sentido a favor y eso se llama *encuadre*.

Por eso es que digo que la herramienta de poder de esta era es *la información*.

Encuadrar la información es algo que tiene años en el ambiente político, pero que está siendo aprovechado más en esta era.

El Comandante se convirtió desde 1992, cuando empezó a salir en los medios de comunicación, en un especialista que poco a poco se fortaleció en materia de encuadrar información.

Una de las primeras frases que mencionó Chávez la primera vez que apareció en televisión cuando el fallido golpe de Estado en 1992, fue: «Por ahora los objetivos no fueron logrados», lo que hizo fue encuadrar la situación y hacer ver un fracaso rotundo de golpe de Estado como un triunfo pospuesto y en espera. Al decir «por ahora», significa que sí lo logrará en el futuro. No lo logramos ahora pero posteriormente lo lograremos.

De esta forma quedó mejor parado en aquel momento, que desde mi punto de vista fue determinante en lo que se vendría posteriormente. Es decir, las puertas quedaron abiertas sólo con aquella frase.

Los líderes oradores no pueden cambiar el pensamiento de los demás, pero pueden cambiar el contexto, y el contexto sí puede cambiar el pensamiento. Una idea en un sitio o en un momento específico puede tener un significado, pero en otro momento o sitio puede hacer variar dicho significado. Por favor, permítame explicarme de una mejor manera en las siguientes páginas.

Si un líder orador dice algo antes de presentar la información de la que va a hablar en su discurso, puede hacer que varíe el punto de vista de quien le escucha.

Es decir, que lo que diga antes puede *condicionar* de forma tal la información para que se perciba de una manera diferente a la que se esperaba. Esa es la causa por la cual digo que hay que crear interés, curiosidad, justificar lo que se dice.

El tema puede ser cualquiera en el discurso, pero el líder orador debe hacer que las personas se interesen; ¿si no para qué va a hablar? Y déjeme decirle que siempre se puede hacer que la gente se interese. El Comandante era un total artesano en materia de encuadre a la hora de dar un discurso porque hacía que las personas se interesaran por lo que estaba diciendo. Sobre todo los seguidores, el pueblo, el ciudadano de a pie. Era a esa población a la que dirigía su mensaje, sabiendo que esas eran las mayorías.

El tema del encuadre se trata de no llegar y «vomitar» la información que se trae, sino de crear esa atmósfera de curiosidad, presentar la información de forma creativa, generar expectativas; en pocas palabras, vender la idea con eficacia.

Recuerdo al profesor Wilfredo Goitte, quien me dio clases y es especialista en Estrategias para el aprendizaje de la Universidad Pedagógica Experimental Libertador, cuando impartía sus clases nunca iniciaba hablando directamente del tema, hablaba de otras cosas primero, a veces tocaba aspectos cercanos, adyacentes o relacionados al tema para luego caer en el propio tema de manera colosal; era un gurú en esto de encuadrar discursos, haciendo que sus clases fueran mucho más interesantes, tanto que todavía las recuerdo con claridad.

> *«La humanidad ha buscado siempre*
> *el significado. Las cosas pasan, pero hasta*
> *que no les damos significado, las relacionamos*
> *con el resto de nuestra vida y evaluamos*
> *las posibles consecuencias, no son importantes»*
>
> (JOSEPH O'CONNOR Y JOHN SEYMOUR).

El encuadre es una forma creativa de presentar la información para justificarla, darle importancia, también para sorprender. Después de todo debe existir un porqué, una razón de ser de su discurso, sea cual sea el tema.

Para ello es necesario que las personas que están en la audiencia establezcan comparación con sus vidas diarias para crear interés; ¿y cuál es la mejor manera de crear interés? Buscando la utilidad, el para qué sirve, cuáles son los beneficios, qué se puede evitar y qué puedo ganar con lo que se dice, despertando curiosidad a través de preguntas, explicando cómo evolucionó lo que se está tratando, cuál es la historia; buscar la manera de que exista credibilidad, sustentándolo científicamente; en fin, existen infinitas formas de encuadrar la información, de encuadrar los discursos, todo dependerá de la creatividad del líder orador.

Algo que ayuda mucho a conocer la forma cómo mejorar los encuadres es realizarse preguntas: ¿De qué forma puedo mostrar la información de manera que pueda generar expectativas, curiosidad, interés? ¿Cómo puedo darle importancia a mi discurso? ¿De qué forma puedo justificar lo que estoy diciendo? ¿Desde qué punto de vista quiero que las personas miren lo que digo? ¿Cómo puedo hacer para darle sentido a la información que voy a presentar? ¿Qué tengo que decir para sorprender con lo que voy a presentar? ¿Cuál sería la reacción del público si iniciara por decir o hacer algo descabellado o si hiciera una larga pausa antes de empezar a hablar? ¿Y si hiciera algo raro, diferente?

La mayoría de los políticos son especialistas en encuadrar la información, unos más que otros, y Chávez era muy bueno en esto de encuadrar información: un mismo hecho, los de «un lado» son capaces de sacarle provecho para proyectarse, mientras los del «otro lado» pueden hacer de este mismo hecho un elemento de fracaso.

Una vez en una clase vi a una profesora cometer un error en la pizarra, y estaban los estudiantes y el director del colegio presentes. Había un grupo pequeño de estudiantes que eran unos holgazanes, le tenían odio a su profesora y querían hacerla quedar mal ante el director. Y llegó uno y se paró y le dijo en voz alta: «Profesora, tiene un error ortográfico en la pizarra, ¿no se da cuenta? Qué vergüenza y eso que es una profesora». La profesora le contestó: «Excelente respuesta, tienes un punto más en la calificación de ortografía, ese fue un ejercicio que puse adrede para ver quién se daba cuenta». Los estudiantes quedaron con la boca abierta y en silencio.

Otro día la misma profesora cometió un error en otra clase con otros alumnos, pero estos estudiantes eran más discretos y se acercó uno y le dijo al oído que tenía un error en la pizarra. La profesora terminó dándoles una charla a todos sobre que los profesores también pueden cometer errores y que también aprenden, no son perfectos, son seres humanos. Dijo: «Tengo derecho a equivocarme, soy un ser humano, de los errores se aprende más que de cualquier otra forma». Los estudiantes quedaron contentos y más claros con respecto al aprendizaje.

Ante una misma situación, la profesora aprovechó *el encuadre* para dar diferentes lecciones.

Hay una historia de un general al que le tocaba explicar en un discurso sobre la orden que le dio a sus tropas de retirada de una batalla y el discurso se basó en que «no se estaban retirando sino avanzando hacia atrás».

En el momento que Chávez se rindió, cuando participó en la rebelión militar que intentó darle un golpe de Estado, el para aquel entonces presidente de Venezuela Carlos Andrés Pérez, le permitieron decir unas palabras ante la televisión mientras era trasladado a prisión y en lugar de decir que se rindió, que no tuvo éxito, encuadró la información diciendo: «Por ahora los objetivos no fueron logrados». Chávez vivía encuadrando información, para darle un mejor sentido y mostrarla de mejor manera aprovechándose de la situación. Más adelante se convertiría en una frase célebre.

De esa forma, Chávez pudo salir de múltiples situaciones y aprietos durante su carrera. El encuadre es como el arte marcial *aikido,* porque utiliza la fuerza del adversario para vencerlo.

En una entrevista en un programa de televisión llamado La silla caliente, donde Oscar Yanes, un historiador venezolano hacía preguntas calientes a políticos para poner a titubear a los invitados, una vez le tocó entrevistar a Chávez en un debate muy carismático, lleno de una excelente discusión por ambas partes. Chávez pudo utilizar varios encuadres para salir del embrollo y la emboscada que le intentó colocar el entrevistador, y a pesar de que el Comandante se emocionó sorpresivamente, cayendo un poco en el juego del entrevistador, pudo utilizar los encuadres que le hicieron quedar bien parado. He aquí esa entrevista: http://goo.gl/BmHQx.

Por cierto, los directores de cine inician las películas de manera creativa, diferente, procurando capturar la atención de las personas en los primeros minutos, de eso depende mayormente el éxito o el fracaso de la película. De la misma manera, el discurso será un elemento de peso para fracasar o tener éxito en la presentación.

Tuve la oportunidad de pertenecer al equipo de baloncesto de la universidad y el nivel de los jugadores era muy alto, es decir, los que iniciaban el juego eran muy buenos, pero los que se quedaban en la banca como suplentes también eran buenos jugadores. Una vez un compañero me dijo que se sentía mal por ser suplente y que quería ser abridor. Entonces fue donde el entrenador con algo de molestia y le dijo: «Entrenador, de verdad que yo quiero ser abridor, para ser importante para el equipo y ayudarlo de una mejor manera». Y el entrenador le respondió: «Para mí no es importante quién empieza el juego, sino quién lo termina».

Fue una lección tan importante que luego, en las competencias siguientes, al compañero le atraía más salir a jugar como suplente que como abridor.

Aquí se demuestra otro tipo de encuadre.

El contexto cambia la opinión y cambiando el contexto se puede cambiar lo que piensa una persona, es decir, el punto de vista. Por esa razón, la forma como conocemos algo nos puede hacer cambiar de opinión. Esto es indispensable que lo sepa un líder orador, y muchos líderes en la actualidad lo manejan concretamente. Chávez no escapaba de tener el encuadre como técnica fundamental en todos sus discursos, porque le permitía saber de qué forma querían las personas conocer lo que iba a decir, desde qué óptica deseaba que observaran su discurso.

El encuadre es la técnica por excelencia para escalar y mantenerse en los niveles cerebral y emocional con toda comodidad porque es eso, pensamiento y emoción.

La publicidad, los comerciales de televisión, radio, internet, están basados en encuadres. De ahora en adelante observe con más detalle tal publicidad y podrá ver claramente lo que le estoy diciendo. Los comerciales son eso, juegos mentales que buscan sorprendernos, justificar lo que dicen, darle importancia. A veces nos hacen reír o pensar y reflexionar profundamente sobre algo.

También pueden mostrarnos diversos puntos de vista y tocar nuestros sentimientos. Eso es encuadre.

Una abuelita que está desaparecida, aparece de pronto haciendo un trabajo de fuerza enorme y es una publicidad de un producto de calcio para los huesos.

Un niño que ahorra mucho dinero para pagarle a su padre ocupado una hora de trabajo para que juegue con él, al final es una publicidad de un banco que dice «Ahorra para lo que más amas». Los publicistas tocan nuestra mente y nuestro corazón para mostrarnos sus productos.

Lo mismo hacen los políticos, unos para aprovecharse, otros quizás no tanto. Pero quieren tocarnos en la emoción para persuadirnos. Chávez no escapaba de esta realidad, para bien o para mal utilizaba encuadres, usted saque sus conclusiones.

Existen varios tipos de encuadres y entre ellos podemos encontrar los encuadres positivos, donde se mencionan aspectos positivos del tema, es decir, lo que se puede ganar, la satisfacción, lo mejor, la parte buena, los beneficios.

El encuadre negativo, donde se incluye en el discurso qué se puede evitar.

El encuadre científico: ¿Quién no cree en la ciencia? En esta era de la Informática y de profundos estudios científicos, todo lo que esté avalado por la ciencia representa una base que permite sustentarlo. Por eso, si un discurso tiene un sustento científico o ha tenido resultados en otros escenarios, entonces se puede generar confianza de lo que se dice.

El encuadre histórico es cuando se trata la historia del tema o algún hecho que haya ocurrido en el pasado sobre lo que se va a decir.

De modo que tenemos diversas formas de encuadrar la información, existen muchas más, yo diría que infinitas, todo está en la creatividad; y el Comandante, al igual que muchos políticos, trabajaba arduamente este tema en sus discursos y de esta manera nos movilizaba hacia sus objetivos.

Desde mi punto de vista el encuadre es un elemento que abre las puertas de los niveles cerebral y emocional, y además empieza a tocar la puerta del nivel espiritual. Ahora, tocar la puerta no es entrar.

6. La metáfora

En mi pueblo natal, Ciudad Bolívar, vivían dos viejitos cerca de mi casa, uno vivía en la mitad de la cuadra, era el señor Ramón, y en la esquina siguiente vivía el señor Juan. El señor Ramón era una persona que cuando alguien le visitaba le gustaba contar cuentos, historias, parábolas, hablaba de muchos relatos, decía muchos refranes, chistes, a veces hacía comparaciones graciosas, contaba experiencias personales o de otras personas; en pocas palabras, deleitaba a grandes y chicos con su carisma. Esas historias dibujaban sonrisas, otras podían colocar lágrimas en las mejillas de quienes le oían, muchas veces tales historias nos hacían reflexionar profundamente.

Mientras que el señor Juan no conversaba mucho y hablaba poco con los que le visitaban. Es decir, no era tan carismático como el señor Ramón.

Un trágico día el señor Ramón murió y su casa se abarrotó de personas. Había personas dentro de la casa, afuera, en los alrededores; había personas adultas, de la tercera edad, jóvenes, niños. Había tantas personas que tuvieron que cerrar la calle para poder mantener el orden.

Las personas, con mucha pasión recordaban las historias del señor Ramón: había personas que lo recordaban con mucha felicidad, otras con tristeza, a algunas les gustaban sus chistes, a otras cuando les hacía reflexionar.

Algunas personas repetían sus historias una y otra vez. Fue un funeral muy emotivo y hermoso.

Días después murió el señor Juan y el funeral estaba completamente vacío, sólo asistió una señora, un familiar y yo. Todo estaba completamente desierto y triste, un silencio total. Entonces, con algo de pena ajena por la desolación de aquel momento, me acerqué a la señora y le dije: «Cómo son las cosas, hace unos días fue el funeral del señor Ramón y estuvo totalmente abarrotado de personas. Hoy muere el señor Juan y sólo estamos nosotros tres». Y la señora, con una voz muy suave y llena de sabiduría me contestó: «*Bueno hijo, ya usted sabe, si no quiere morir solo, cuente historias*».

La metáfora en el discurso está conformada por todos los cuentos, historias, parábolas, relatos, refranes, chistes, experiencias, ejemplos, que se manifiestan a través de la palabra hablada o cualquier tipo de manifestación.

Atrae la atención de las personas y es capaz de hacer reflexionar profundamente, a la vez que puede mover sentimientos. A las personas les agrada escuchar este tipo de discurso, que incluye metáforas. Y los cuentos pueden quedarse en las mentes de las personas pasado el tiempo.

La metáfora, bien utilizada, suele ser una potente herramienta del discurso, que combinada con los otros elementos mencionados anteriormente puede permitir que se ascienda hasta el nivel espiritual de la oratoria.

La metáfora es la herramienta más poderosa de la oratoria. Muchas personas subestiman el poder de las metáforas, pero lo que no saben es la influencia que ella tiene sobre nuestras mentes y corazones.

Las personas que se han tomado un instante para analizar el discurso de Chávez pudieron darse cuenta de lo «casado» que estaba con el uso de metáforas. Pudiera decirse que en casi todas, por no decir que en todas sus presentaciones, Chávez utilizaba indiscriminadamente la metáfora como estrategia para capturar la atención y a la vez para mover a quien le escuchaba. Ahora, ¿sabía Chávez de lo poderoso que es el uso de las metáforas en el discurso? ¿o las utilizaba inconscientemente?

Hablando de metáfora como tema dentro del discurso, no podía faltar que le mostráramos el tema con una metáfora.

Oiga bien, estoy seguro que jamás se le va a olvidar la importancia de la metáfora en el discurso, gracias al cuento de «Los dos viejitos». Pasará un largo tiempo para que *usted* olvide el claro mensaje del cuento: «Si no quiere morir solo, cuente historias». Y lo más valioso de todo: quedará grabado en su mente inconsciente quizás por toda la vida.

Las metáforas pueden ser ciertas o no, fantasiosas o reales, cortas o largas, simples o complejas, lo cierto es que no importa el tipo, igual el poder que tienen sobre los pensamientos, sobre las emociones humanas, es gigantesco.

El Comandante al saber cómo funcionaban las metáforas, utilizaba cómodamente en sus discursos esta herramienta para influir en su público.

Quiero dar varios ejemplos de metáforas largas y cortas para aclarar mejor qué es una metáfora.

Largas: cuentos, relatos, historias, parábolas, experiencias (como el cuento de «Los dos viejitos»).

Cortas: chistes, analogías, refranes, comparaciones, ejemplos cotidianos.

Ejemplo de metáfora corta y larga que utilizaba el Comandante:

- «A qué vinimos aquí, ¿a ponerle paños de agua tibia a una enfermedad profunda? ¡No!, aquí vinimos a hacer una revolución».

- «Recuerdo la primera vez que di un discurso, cuando llegó el primer obispo a Sabaneta de Barinas. Estaba en sexto grado y me pusieron a leer unas palabras, a darle la bienvenida al obispo González Ramírez, algo así se llamaba. Y ese mismo año, un 12 de marzo de 1966, me correspondió leer también un discurso en la plaza Bolívar de Sabaneta de Barinas, a nombre de los muchachos del Colegio Julián Pino, donde hice mi primaria. Nunca se me olvida una frase de ese discurso que escribió mi padre: "La bandera que Miranda trajo y que Bolívar condujo con gloria". Eso se me grabó para siempre».

Quiero que observe estos ejemplos de cómo la metáfora suplanta el conocimiento y el lenguaje científico o formal para facilitar la comprensión de las ideas, a la vez que se integra en nuestra mente por lo rico de su contenido. Tanto las metáforas cortas como las largas, cada una tiene su función, que al saber combinarlos y utilizarlas dentro del discurso son una herramienta muy poderosa a la hora de transmitir un mensaje.

Otros ejemplos genéricos de metáforas de hoy.

En la actualidad las ideas se han convertido en comida, por eso los jóvenes utilizan expresiones como las siguientes: «¡Estoy tratando de digerir estos contenidos!». Como si procesar una información es masticar una comida. «¡Sus ideas son insípidas!». Es decir, que las ideas sin fundamento son comida sin sabor.

Ahora bien, la mente se ha convertido en un contenedor, por eso escuchamos expresiones como estas: «¡Esos contenidos no me entran en la cabeza!». «¡Ya no me cabe nada más en la cabeza!».

Las personas consideran que las relaciones son una travesía, por ello no es difícil escuchar: «¡Creo que ese noviazgo va a naufragar!». «¡Su relación está en medio de una tempestad!». «¡Llevo el timón bien firme en esta relación!».

Los seres humanos son animales: «¡Juan es un perro!» (despiadado). «¡Pedro es un águila!» (sagaz). «¡María es una burra!» (no inteligente). «¡Camilo es un zorro!» (astuto). «¡Luisa en una serpiente!» (traicionera).

Y así como estos, existen muchísimos ejemplos más de metáforas cortas que usamos en nuestra cotidianidad de forma inconsciente y mecánica como chistes, refranes, entre otros.

Las metáforas son tan poderosas porque abren la imaginación y estimulan la creatividad de cada persona que las escucha, y más aún de quien las cuenta.

La metáfora tiene una serie de beneficios que consciente o inconscientemente el Comandante sabía usar cada vez que utilizaba las mismas dentro del discurso. Me gustaría compartir con *usted* estos beneficios:

• *Simplifica el mensaje.*

• *Despersonaliza.*

• *Estimula la creatividad.*

• *Permite entrar en sintonía.*

• *Supera la resistencia.*

• *Abarca los tres idiomas de la comunicación.*

- *Resuelve diversos problemas.*
- *Genera emoción.*
- *Llega al espíritu.*

Simplifica el mensaje: así como lo vimos en la analogía anterior, que decía que «ya no me cabe más nada en la cabeza», el mensaje llega con más eficiencia, porque nos aporta algo con qué comparar esa «cantidad de información» que está recibiendo la persona; cuando la comparamos con un recipiente lleno, hace que el mensaje se simplifique y es más fácil para transmitirlo. Por eso utilizar una metáfora como ésta mejorará la comunicación, en este caso su mensaje dentro de la oratoria. En pocas palabras, algo que muchas veces es exageradamente complejo de explicar, puede resumirse con una metáfora y a la vez permitirá una mejor comprensión por parte de las personas que escuchan. De esta manera podemos decir que se facilita el mensaje.

La metáfora permite incorporar imágenes vivas que facilitan el proceso de memorización, por eso es que afirmo en párrafos anteriores que será difícil que olvide la importancia de la metáfora por la historia de «Los dos viejitos», en vista de que dicha metáfora incorpora todo un contenido imaginativo valioso. ¿La quiere volver a leer?

Lo mismo ocurría con todas las metáforas que utilizaba Chávez en sus discursos. He aquí una página con una recopilación de las metáforas que utilizó Chávez en los programas de Aló Presidente. http://goo.gl/xNhxW.

Despersonaliza: la metáfora tiene la particularidad de despersonalizar el mensaje. Así que al contar una historia podemos enviar el mensaje de manera inconsciente y con otros personajes que no son precisamente a quien le estamos enviando dicho mensaje.

Recuerdo una vez que una persona me hizo una pregunta en público sobre una situación que le estaba ocurriendo y le respondí que una situación similar, le había ocurrido a un amigo mío, y él en ese caso ejecutó ciertas acciones y de esta manera se solventó la situación. La persona quedó asintiendo, moviendo su cabeza de arriba a abajo por varios segundos. Obtuvo la respuesta y la solución sin incorporarla directamente por parte de otra fuente, sin tener necesidad de decirle exactamente lo que iba a hacer, sino que la solución surgió a través de la experiencia de otro. A eso se le llama *despersonalización.* (Por cierto, acabo de utilizar una metáfora para explicar mejor.)

La *despersonalización* tiene la ventaja de permitir ver soluciones a través de los ojos de otro, de una situación que no incorpora a la persona en cuestión y permite una comunicación menos directa, y por lo tanto evita los sufrimientos que se pudieran causar si la persona se ve involucrada directamente en la solución. Asimismo evita los mecanismos de autodefensa que las personas suelen sacar a flote cuando se les dice algo directamente. La metáfora le dice exactamente a la mente inconsciente: «aplícate el cuento».

Pero la ventaja principal de la despersonalización en la metáfora está en evitar problemas: ¿por qué ha de molestarse alguien de un cuento que habla de otro? Sin embargo, la metáfora estimulará una solución en quien escucha.

Estimula la creatividad: las metáforas colocan de manera directa y dinámica imágenes en nuestra mente, además de estar claramente asociadas con la utilización de nuestro hemisferio derecho, por lo tanto es pólvora que enciende la creatividad de nuestro cerebro.

Muchas veces la metáfora sólo siembra la semilla para que posteriormente crezca la idea, otras veces terminan de hacer germinar una idea que estaba oculta, y por último pueden hacer que florezca alguna idea latente. Las metáforas han dado pie a teorías y a ideas excepcionales que de otra forma no hubiesen podido darse. Tal es el caso, entre muchos, de Albert Einstein, quien utilizó la metáfora del rayo del sol cuando creó su teoría de la relatividad. En este caso Einstein participó como un niñito en el relato, imaginándose que viajaba en tal rayo de luz.

Los niños tienden a ser más creativos que los adultos, quizás por eso cuando le cuento una historia a mi hijo de tres años lo hace soñar más rápidamente que si se la contara a un adulto. Sin embargo, los adultos no son más que niños crecidos y una historia bien contada puede hacer que se despierten los más dormidos pensamientos creativos de cualquier persona.

Permite entrar en sintonía: ya hemos hablado de que si *usted* quiere tener al público de su lado cuando esté en una presentación, sea cual sea el tema, entonces es una gran ventaja que *usted* sepa la magia que posee la metáfora para entrar en sintonía. Las metáforas tienden a decir mucho de nosotros mismos y su empleo puede hacer entrar en sintonía de manera inmediata. Recuerdo que una vez estaba dando una charla sobre psicología aplicada al deporte, y como había un poco de apatía en las personas del público, empecé a utilizar metáforas deportivas y la cosa cambió. Recuerdo que dije: «A ver, ¿quién puede sacarla de *home run* con alguna opinión?». También dije: «¿Quién quiere meter un golazo interviniendo con algún comentario?», y así sucesivamente me motivé a utilizar lenguaje metafórico referido al deporte, ya que la audiencia tenía que ver con deporte, e inmediatamente se vio el despertar de las personas.

Por esa razón recomiendo considerablemente la metáfora como mecanismo para entrar en sintonía con el público.

Este es apenas un ejemplo, sin embargo existen múltiples formas de entrar en sintonía a través de la metáfora.

Supera la resistencia: con toda seguridad hemos visto cómo algunas personas se resisten al cambio cuando hay alguna información nueva, o cuando alguien está diciendo algo con un punto de vista diferente. Por esa razón la técnica a utilizar en estos casos es la metáfora, en vista de que es casi imposible oponerse a una metáfora. La metáfora no discute ni trata de oponerse a nadie, sólo se cuenta y ya. Cada quien saca sus propias conclusiones, por eso no produce oposición ni objeciones de parte de quien la escucha. Sin embargo se queda en la mente hasta conseguir el resultado, muchas veces no en el preciso momento, sino que en ocasiones llega un poco más tarde.

Abarca los tres idiomas de la comunicación: cuando *usted* cuenta una metáfora como la de «Los dos viejitos» está poniendo palabras en las mentes de las personas que incluyen el idioma visual, kinestésico y auditivo, porque incluye imágenes, sonidos y sensaciones. Quizás por esta razón es tan fácil entrar en sintonía con la audiencia al contar metáforas, porque involucra los tres sistemas de representación y de esta manera capturará la atención de todos.

Si *usted* cuando cuenta una metáfora dice: «… y se escuchaba el sonidos del viento moviendo los árboles, lo que causaba una sensación de miedo en el estómago…», allí está incorporando los tres idiomas, lo que facilitará entrar en sintonía. Y la forma de realizarlo es contando metáforas; quizás por eso el señor Ramón no murió solo; por el contrario, muchas personas lo amaban y lo acompañaron en su velorio.

Resuelve diversos problemas: hace unos años estaba terminando junto a mi esposa la carrera como educador y se avecinaba el acto protocolar de grado. Sin embargo mi situación económica en aquel entonces no era la mejor, estaba desempleado y no contaba con dinero suficiente para pagar los trajes de gala que generalmente se utilizan en este tipo de evento, además del alquiler de la toga, el birrete, entre otros gastos propios del momento.

Me sentía enormemente preocupado y de mal genio, mi actitud no era la mejor y mi lenguaje corporal en esos días hablaba por sí solo. Mi suegro se me acercó una tarde y me dijo: «¿Te pasa algo? Tengo días observándote y creo que tienes una gigantesca preocupación, tu actitud no me gusta». Le contesté: «Es que se acerca el día del acto de graduación y no cuento con el dinero para comprar los insumos que necesitamos para el acto. De verdad que esperé bastante tiempo para este día y así celebrarlo con familiares y amigos, pero no cuento con el dinero». Mi suegro me tomó por el hombro y me dijo suavemente estas palabras, que se convirtieron en un susurro para mis oídos: *«Tranquilo, que el velorio de Cristo todavía no ha ocurrido».*

Esas palabras resonaron en mi mente removiendo bruscamente mi corazón, que se encontraba en aquellos momentos afligido.

Entonces repetí mentalmente: *«el velorio de Cristo todavía no ha ocurrido».* Y de manera colosal llegó una sensación de tranquilidad. Como un chispazo, se presentó ante mis ojos una solución al problema, algo que calmó mis pesares de manera práctica, haciendo que volviera una sonrisa a mis labios y un alivio para mi corazón.

Y repetí una vez más: *«El velorio de Cristo todavía no ha ocurrido».*

El problema estaba resuelto. No el problema de conseguir el dinero para pagar los gastos del momento, pero sí los problemas que tenía en mi cabeza y mi espíritu.

Por cierto, no entendí nunca lo que me quiso decir mi suegro con esa metáfora, creo que él tampoco sabía a ciencia cierta lo que me quería transmitir con aquel refrán, pero dio resultado. Hoy por hoy, después de haber estudiado profundamente el poder de las metáforas, me doy cuenta que aquella simple metáfora resolvió un gran problema que sólo estaba en mi mente y corazón y de manera inmediata cambió mi actitud ante la situación.

Genera emoción: así como en las películas las personas se sienten emocionadas por saber lo que va a pasar en la siguiente escena, qué pasará con el protagonista que está a punto de morir o cómo quedará el caso de las personas que están enamoradas, de la misma forma las metáforas tienden a generar profundas emociones que nos llenan de curiosidad por saber cómo será el desenlace.

Una metáfora contada con pasión puede desencadenar lágrimas que no podrían lograrse de ninguna otra forma.

La emoción significa motivación, esencial para poder comprar, cambiar, seguir una idea o a un líder.

Llega al espíritu: por último, y quizás más importante, las metáforas cuando son bien contadas, cuando tienen una intención positiva, pueden llegar al espíritu. Concretamente, el mensaje trasciende el momento, el espacio. Queda grabado más que en la memoria, en algo más profundo: queda tallado en el alma. Mueve algo más que lo palpable por el ser humano.

La metáfora es el principal camino para llegar al espíritu de las personas que escuchan la oratoria de un líder.

Sabiéndola utilizar, es el mecanismo más importante para atravesar lo visible, lo obvio, y convertirse en un mensaje diferente, en un aplauso, en una lágrima, en una sonrisa, en un gesto de felicidad.

Advertencia sobre las metáforas: cuando cuente historias o utilice una metáfora como herramienta en la oratoria, debe tener sumo cuidado de la forma de utilización y del mensaje que desee transmitir. Así como la metáfora tiene poder, ese poder puede utilizarse para bien o para mal. Por esta razón su mensaje debe estar claro y apoyarse en la sinceridad y la confianza. Para contar una metáfora de forma adecuada se necesita práctica y experiencia que sólo se pueden adquirir ejecutando, tomando acción, es decir, contando historias.

La habilidad de contar una metáfora radica en que ésta no puede ser demasiado evidente y realista, ni demasiado difícil de asociar a la idea que se quiere comunicar.

El comandante sabía cómo incorporar las metáforas en su discurso con total sutileza, tanto que las personas las añoraban inconscientemente y ahora después de su fallecimiento las extrañan más que nunca.

Elemento de oro

Algo que también debe entrar en los elementos que daban vida al discurso del Comandante es la preparación previa. Es decir, el conocimiento que se tenga del tema. Cualquier líder político puede manejar bien las técnicas del discurso, pero si no maneja el contenido, el fracaso de su discurso está sentenciado.

Chávez estuvo en prisión durante dos años y tuvo bastante tiempo para leer libros sobre sus filosofías políticas, nutriéndose del tema que más iba a manejar cuando saliera y siguiera su carrera política. Además antes de estar en prisión también leía bastante. Pude observar algunos videos de cuando Chávez estaba en prisión y cada vez que le hacían una entrevista se mostraba totalmente seguro, como si supiera lo que iba a pasar posteriormente. Como que supiera que iba a ser Presidente de la República. Y el movimiento, estilo de gobierno y sistema económico en el que iba a estar sumergido, el socialismo. Lo conocía profundamente, sus mayores exponentes, la historia de lo que rodeaba al socialismo como corriente política. En fin, la preparación jugó un papel importante. Además, leer constantemente permite tener un vocabulario más amplio.

Leer desarrolla el vocabulario, lo vuelve mucho más rico y permite tener un arsenal de palabras e ideas, dando un campo más amplio para desempeñarse. Lo que redunda en un mejor desenvolvimiento durante la conversación o el discurso.

Por lo tanto, la lectura puede ser un elemento muy importante que debe conjugarse con los otros factores para poder elaborar un excelente discurso.

Lo trascendental de la lectura es que permite que se tenga un conocimiento vasto del tema en cuestión que da seguridad y base para tener total tranquilidad cuando se discursea.

Algo más o menos similar a lo que le pasaba a Chávez. Cuando hablaba se veía como pez en el agua, y a medida que pasaba el tiempo se veía mucho más cómodo hablando en público probablemente por el tiempo que tenía y tuvo para prepararse.

Conocer el tema a plenitud y a la vez manejar todos los elementos implícitos en el discurso le daban a Chávez la seguridad para salir al aire con total comodidad. Hay que tener claro que la preparación no tiene nada que ver con el miedo que se siente. Mayormente, cuando se tiene que salir a escena a dar un discurso se siente miedo.

Ya los estudios revelan que 99,9% de las personas que les toca hablar en público sienten miedo. Posiblemente al Comandante le tocaba pasar por esto, pero sabía controlarlo.

Como conferencista puedo decir que el miedo es positivo siempre y cuando se sepa controlar y no pase al siguiente nivel para transformarse en «pánico». El pánico te deja petrificado, sin poder reaccionar; el miedo te coloca alerta para estar atento a todo, agudiza tus sentidos, cual animal que es acechado por un depredador, quien multiplica sus reflejos y capacidades para escapar. Y en este caso salir con victoria del objetivo de ofrecer un gran discurso.

Tuve la oportunidad de conversar con personas muy cercanas al Comandante y me informaron que Chávez sentía cierto miedo antes de salir a escena, que controlaba muy bien. Sobre todo cuando se iba a enfrentar a reporteros los cuales ya sabía que le iban a hacer preguntas comprometedoras y difíciles. He aquí algunas preguntas difíciles que pusieron a titubear al Comandante. No estoy diciendo que tenía o no razón, eso lo puede concluir usted con la observación del video; sin embargo, algo que es real y es lo que quiero que se observe de este video, es que en cierto modo el nerviosismo se hacía presente en Chávez, porque era humano, sobre todo por los gestos, el sudor y el lenguaje corporal y facial (http://goo.gl/Vot7P).

Ahora, con todo y el nerviosismo que pudo hacerse presente, Chávez pudo salir de la situación, para algunos mintió, para otros supo poner en su lugar al periodista, pero lo que quiero manifestar es que la preparación, saber de un tema con amplitud y desenvolverse con fluidez sólo lo puede dar el leer e instruirse constantemente, por eso a este elemento lo llamo «el elemento de oro».

LA ESENCIA DEL DISCURSO

Un gran poder acarrea una gran responsabilidad. El discurso, la palabra, tiene un poder muy grande que debe ser administrado con cautela y pensando siempre en el beneficio mutuo y no sólo en aprovecharse indiscriminadamente de la situación. Cada vez que un líder sale a discursear debe hacerlo sabiendo que cada palabra representa algo importante para quien le escucha.

Hablar en público es una linda oportunidad de expresarse y podemos hacer que otro avance, que surja y que emprenda, motivarlo o convencerlo encendiendo la chispa para que ese gigante que cada persona lleva por dentro y muchas veces está dormido se despierte. De eso se trata el liderazgo, de hacer ver a los demás lo capaces que son; de eso se trata la oratoria, el discurso, de tocar en lo profundo con su mensaje, de transmitir con pasión, amor, entusiasmo y valentía.

Ahora hay líderes que se aprovechan de este poder que tiene la palabra, el discurso, para surgir a costa de los demás promoviendo el miedo, la ira y la maldad, sólo para un beneficio personal y alimento del ego. Hay que tener mucho cuidado con esto y observar con mucho detalle a los líderes que seguimos.

¿Quién no se ha sentido movido por unas palabras bien expresadas, con un discurso apasionado? Existe una gran responsabilidad de parte del líder orador. Cuando un líder se para frente a un público tiene en sus manos un gran poder. Y debe tener cuidado al utilizarlo, puede hacerlo para mal o para bien, es su decisión. Lo cierto es que el poder está presente en cada palabra que mencione.

Un discurso bien ejecutado puede cambiar la vida de una ciudad entera, de una nación y del mundo. Los grandes líderes lo han logrado y todavía su mensaje se mantiene presente. Y lo que pretendemos dar a conocer en este escrito es ese poder. Por esa razón, cada líder debe concientizar la magnitud de la responsabilidad que acarrea la oratoria, la palabra, el discurso. No es sólo hablar, es mover pensamientos, corazones y espíritus.

A pesar de la fuerza y lo poderoso que es el discurso, la palabra en los humanos, es altamente necesario saber que no sólo con palabras puede sobrevivir un liderazgo.

Liderar y seguir a un líder son condiciones y actividades necesarias para el desarrollo humano, pero hay que tener cuidado de a quién seguimos. No se debe seguir a alguien sólo por un discurso, pues sus acciones, su esencia debe ser más importante.

Si usted siguió a Chávez y consideró que era un líder coherente, bondadoso y asertivo, entonces lo hizo bien, pero si sólo lo siguió porque hablaba bonito, entonces no lo hizo tan bien, cometió un error que millones de personas a nivel mundial han cometido en múltiples oportunidades a través de la historia: seguir a un líder sólo porque le gusta su discurso.

La mayor parte de las veces las personas que caen en el juego del discurso de un líder, lo hacen de manera inconsciente. Hay líderes que son verdaderos «encantadores de serpientes» que duermen a sus seguidores en un sueño profundo que no saben si están dormidos o despiertos y terminan luchando por una causa que no les trae beneficios por ningún lado, es decir, una causa perdida. O bien los beneficios que les traen los llevan a un callejón sin salida que no les permite surgir ni abrir los ojos nunca, cayendo en lo más profundo del abismo de la involución.

Si el discurso de un líder está basado en desarrollar una idea que no busque la evolución de los seguidores a mediano o largo plazo, entonces no es muy viable seguir a ese líder. Estos son ejemplos de líderes que condicionan en cierto modo a sus seguidores para que les sigan:

- *«Si haces lo que digo en nombre de la religión no irás al infierno, así que debes ser una buena persona y comportarte leal al mandato».* Anónimo.

- *«La mezcla de la sangre y el menoscabo del nivel racial que le es inherente constituyen la única y exclusiva razón del hundimiento de antiguas civilizaciones. No es la pérdida de una guerra lo que*

arruina a la humanidad, sino la pérdida de la ca-
pacidad de resistencia, que pertenece a la pureza
de la sangre solamente».   ADOLFO HITLER.

Por esa razón hay que observar con lupa lo que dice el líder y lo que hace. Porque hay líderes que tienen como principal herramienta de motivación el miedo y la rabia. Si usted observa estas condiciones en un líder, no vale la pena seguirlo.

Si hay algo que hay que reconocer de Hugo Chávez era su tremendo discurso, fue una persona capaz de mover masas. La pregunta que debe hacerse usted es si también fue una persona coherente y si cumplía con su palabra. Es decir, el planteamiento de Chávez era muy especial, pero, ¿llevaba ese planteamiento a la práctica? ¿La teoría hermosa de la que hablaba Chávez se aplicaba en realidad? Si su respuesta es sí, entonces usted es un buen seguidor.

La teoría es muy linda, llevarla a la práctica es algo más complejo que requiere de valor, entrega, sacrificio, esfuerzo, coherencia entre lo que se dice y lo que se hace.

- *«La palabra convence, el ejemplo arrastra. Dar ejemplo no es la principal manera de influir sobre los demás; es la única manera que existe».*

                                   ALBERT EINSTEIN.

Me parece que el liderazgo actual debe basarse más que en el discurso, en los hechos, en las acciones, Einstein lo dijo hace mucho tiempo y es un principio del liderazgo que debe prevalecer hoy.

Hay algo que debemos aprender del liderazgo que llevó a cabo Chávez tanto las personas que simpatizaron con él como las que no y es que de ahora en adelante en Venezuela y el mundo no debe haber un líder que sólo se centre en el discurso para su cometido; debe haber mucho más que eso: coherencia en sus actos, ser una persona altamente ejemplar, con defectos, claro, pero que las virtudes sean tan grandes que los defectos casi ni se vean. Que sean más grandes sus fortalezas que sus debilidades y que pueda dejar un legado tan poderoso que aun después de su desaparición física pueda mantenerse estable un proyecto, un país.

El verdadero liderazgo hace que la filosofía, los ideales y la misión del líder funcionen efectivamente y al cien por ciento, así no se encuentre presente el líder. Si el líder debe estar presente para que se cumpla lo propuesto, entonces no existe un buen liderazgo.

La historia dirá entonces si Chávez fue ese líder positivo que algunos dicen que fue. O si por el contrario fue un líder negativo, como otros dicen que lo fue. Mientras tanto nuestro deber es asumir nuestro liderazgo en cada una de nuestras tareas diarias, en nuestros compromisos, en nuestras misiones de vida.

El liderazgo es un fenómeno necesario para nuestra supervivencia, para evitar la extinción de los seres vivos, por eso es tan importante aprender y saber a quién le damos poder, a quién seguimos como líder y también asumir con sabiduría, y que cuando nos toque ejercer el liderazgo hacerlo con asertividad, con la premisa de que el poder se hizo sólo para ayudar y que el beneficio siempre sea mutuo entre líder y seguidor, aunque me gusta más la palabra aliado en vez de seguidor.

Ahora viene la pregunta de las preguntas: si liderar y seguir a un líder son actividades necesarias para la evolución humana, entonces ¿a qué líder debemos seguir que no sea sólo discurso?

Al líder que debemos seguir es al que nos permita evolucionar, a toda costa y en todos los aspectos de nuestra vida, académico, laboral, económico, familiar, en fin, aquella persona que te tiende la mano sin condición, y que luego no se jacta diciendo que te ayudó.

Al líder que quiere lograr sus sueños, pero que también quiere que los sueños tuyos se cumplan. Al líder que sabe la importancia de las tareas, pero que a la vez sabe la importancia de la parte humana de cada quien, que sabe qué palabra mencionar para motivar a sus seguidores hacia metas positivas para el equipo.

No al líder que te manda a la guerra mientras él se queda en la comodidad. No al líder que siembra odio y quiere asumir que el fracaso es por una culpa externa o de otra persona, no sabiendo que somos responsables de nuestra vida y de lo que nos ocurre. No al líder que tiene el miedo como la mayor arma de motivación. Mucho cuidado con el líder a quien sigue. Hay líderes que son muy buenos hablando pero son poco diligentes.

Quizás a muchos líderes no les va a gustar el contenido de este libro, porque las personas, los seguidores conocerán del poder de la palabra y cómo utilizarla, pero más importante es cómo identificar un discurso que no sale de la sinceridad, de la espiritualidad, pero estoy seguro que a partir de ahora quien lea este libro comprenderá que al líder que debemos seguir debe discursear bien acompañando ese discurso con acciones, con trabajo y ayudando en lo posible. El poder es para ayudar. Debemos confiar en el discurso de un líder sólo cuando sus acciones nos ayuden a surgir y crecer como personas cada día.

Y si hay algo que aprendimos los venezolanos gracias al carisma y al discurso del Comandante es que aquella persona que quiera liderar deberá dar algo más que palabras.

Yo escribo sobre oratoria, sobre técnicas de cómo convencer a la gente, pero paradójicamente todas esas técnicas las recomiendo para hacer el bien, para que cada palabra sea expresada con sinceridad, con espiritualidad, que es el nivel más alto de la oratoria; y que si las palabras vienen del espíritu, no necesitan grandes técnicas, elementos o adornos, sencillamente su efectividad irá impactando a lo grande, porque es allí donde radica el verdadero poder del discurso.

Por eso quiero contarle que, había una vez un hombre que era un gran líder en su comunidad y enseñaba mucho a los adultos sobre liderazgo. Era profesor del curso para líderes en el Instituto Universal de Liderazgo.

A todos los estudiantes les gustaba la clase del profesor, le decían «el líder».

Había hecho grandes conferencias, se había presentado ante público experto saliendo airoso y con aplausos en cada presentación. También había sido un hueso duro de roer en los debates con otros líderes. En fin, una persona experta y bastante conocedora de lo que es el liderazgo como fenómeno social.

Pero lo que le venía era la mayor de las pruebas que podía enfrentar. Un gran reto le esperaba en su casa cuando llegó del trabajo y su hijo de cinco años, que había escuchado muchas veces en casa hablar tanto del tema le preguntó:

—Papá, ¿qué es un líder?

El padre, un hombre culto, con decenas de libros consumidos; que había respondido aquella pregunta a sus estudiantes de la universidad infinitas veces; que debía saberlo de manera natural gracias a los años de estudio y años de experiencia en el tema, sin embargo, el «balde de agua fría» que le había echado su hijo con aquella sorpresiva pregunta, por la edad del niño y sobre todo porque era su hijo, no le dejaron más opciones que titubear.

Sin embargo se aclaró la garganta y empezó a explicar con todo un lenguaje técnico que poco a poco, al darse cuenta de con quién estaba hablando, fue cambiando, haciendo un esfuerzo para que el niño pudiera comprender.

El niño, con cara de confusión al escuchar aquella explicación y haciendo un gran resumen propio de los niños de esa edad, le dijo:

—¿O sea que líder es el que manda?

El papá tomó una respiración muy profunda y sintió como sus pulmones se llenaban de oxígeno, sintiendo también una gran iluminación en su mente que le acercaba la respuesta, que expresaba que debía ser mucho más sencilla, concluyente y directa que la anterior. Y le dijo con una voz de mucha más sabiduría, seguridad y convencido de que su hijo iba a poder comprender el concepto de líder, mencionando con lentitud aquellas palabras que resonaron por mucho tiempo en los oídos de aquel infante:

—*Líder no es el que manda, líder es el que ayuda.*

Pero no el que te ayuda dándote bienes materiales o dinero para que estés siempre necesitando de él. Eso no es ayuda.

Líder es el que te ayuda a caminar para que puedas surgir sin necesitar de él, para no convertirse en alguién indispensable para ti.

En pocas palabras un verdadero líder te da un pescado (cuando tienes hambre para que comas) pero inmediatamente te enseña a pescar. Entonces hijo mío: ¡Líder es el que te ayuda a que te ayudes!

Un sincero abrazo, nos vemos pronto.

¡Y que siga el Liderazgo!

REFERENCIAS

Telesur TV. Publicado el 31/08/2012 y consultado el 10 de marzo de 2013
http://www.youtube.com/watch?v=FKsbv9SnUN0

n24fuente0. Entrevista de José Vicente Rangel a Hugo Chávez, Publicado el 05/02/2012, consultado el 12 de marzo de 2013
http://www.youtube.com/watch?v=7obpl3Wvhjk

Frases célebres y citas de Hugo Chávez (s/a y s/f). Consultado el 29 de marzo de 2013
http://www.frasecelebre.net/Frases_De_Hugo_Chavez.html

Mundifrases Hugo Chávez (s/a y s/f). Consultado el 29 de marzo de 2013 http://mundifrases.com/autor/hugo-chavez/339

Edward Mercado; Hugo Chávez, 4 de febrero 1992. Publicado 24/03/2006. Consultado el 26 de febrero de 2013
http://www.youtube.com/watch?v=VBUo-pYeVfQ

Globovision Noticias: «Niño sorprende al presidente Chávez al anunciarle en cadena que su hermano había muerto». Publicado 23/02/2012, consultado el 10 de marzo de 2013
http://www.youtube.com/watch?v=y71uePYVfUQ

AleXstar Aguilera: «Una niña deja en ridículo a Hugo Chávez». Publicado 10/12/2010, consultado 16 de marzo de 2013 http://www.youtube.com/watch?NR=1&v=19AM1hyokyI &feature=endscreen

CanalNTN24, LA NOCHE: «Los nervios del presidente Chávez», publicado 11/08/2010, consultado el 19 de marzo de 2013 http://www.youtube.com/watch?v=2lPki2RLvns

Oramas, León y Legañoa, Alonso: *Cuentos del arañero Hugo Chávez Frías*. Consultado el 22 de marzo de 2012 http://www.cuentosdelaranero.org.ve/cuentos/

Impreso en Venezuela
durante el mes de julio del año dos mil trece
en los talleres litográficos de
MIGUEL ÁNGEL GARCÍA E HIJO, s.r.l.
Sur 15 • Nº 107 • El Conde • Caracas
Telefax: (0212) 576.13.62

E-mail: miguelagp8@hotmail.com